Natürlich hausgemacht!

Natürlich hausgemacht!

Traditionelle Techniken des Konservierens neu entdeckt

Lynda Brown

Unter Mitarbeit von Carolyn Humphries und Heather Whinney

Dorling Kindersley

DORLING KINDERSLEY
London, New York, Melbourne,
München und Delhi

Fotos Bill Reavell
Redaktion Susannah Steel
Gestaltung Louise Dick, Simon Murrell

Für Dorling Kindersley:
Projektbetreuung Andrew Roff
Cheflektorat Dawn Henderson, Angela Wilkes
Bildredaktion William Hicks, Christine Keilty, Marianne Markham
Herstellung Ben Marcus, Alice Sykes

Für die deutsche Ausgabe:
Programmleitung Monika Schlitzer
Projektbetreuung Andrea Göppner
Herstellungsleitung Dorothee Whittaker
Herstellung Anna Strommer
Covergestaltung Anja Masuch

Bibliografische Information Der Deutschen Bibliothek
Die Deutsche Bibliothek verzeichnet diese Publikation in der Deutschen Nationalbibliografie;
detaillierte bibliografische Daten sind im Internet über http://dnb.ddb.de abrufbar.

Titel der englischen Originalausgabe:
The Preserving Book

© Dorling Kindersley Limited, London, 2010
Ein Unternehmen der Penguin-Gruppe

© der deutschsprachigen Ausgabe by
Dorling Kindersley Verlag GmbH, München, 2011
Alle deutschsprachigen Rechte vorbehalten

Übersetzung Angelika Feilhauer
Redaktion Carmen Söntgerath

ISBN 978-3-8310-1819-2

Colour reproduction by Colourscan, Singapore
Printed and bound in Singapore by Tien Wah Press

Besuchen Sie uns im Internet
www.dorlingkindersley.de

Hinweis
Die Informationen und Ratschläge in diesem Buch sind von den Autoren und vom Verlag sorgfältig erwogen und geprüft, dennoch kann eine Garantie nicht übernommen werden.
Eine Haftung der Autoren bzw. des Verlags und seiner Beauftragten für Personen-, Sach- und Vermögensschäden ist ausgeschlossen.

Inhalt

6	Vorwort
8	Die Kunst des Konservierens
12	Natürliche Hilfsmittel
14	Küchenutensilien
18	Hygiene und Sicherheit
20	Aromazutaten
22	Was man wie verwendet
24	Trocknen
36	Einfrieren
66	Konfitüre & Co
120	Chutneys & Pickles
146	Eingemachte Gaumenfreuden
190	Einlegen in Öl
208	Einsalzen, Pökeln & Wursten
236	Räuchern
252	Register
256	Dank

Vorwort

Marmelade kochen, Pilze trocknen, Wurst herstellen, Fische räuchern – das Konservieren von Lebensmitteln umfasst viel mehr als nur das Einfrieren oder Einmachen von frischem Gemüse und Obst.

Das Konservieren daheim hat viele Vorteile: Es macht Spaß, und was dabei entsteht, ist lecker und gesund. Es erlaubt Ihnen, aus biologisch erzeugten, regionalen und vielleicht sogar selbst gezogenen Produkten der Saison das Beste zu machen. Zudem hat es zentrale Bedeutung für alle, die nachhaltiger einkaufen und essen möchten. So macht etwa die Verwendung von biologischen Lebensmitteln, fair gehandeltem Zucker oder Fisch aus nachhaltiger Fischerei die konservierten Produkte doppelt wertvoll – auf diese Weise hilft man gleichzeitig mit, unsere Welt zu einem besseren Ort zu machen. Wer selbst Obst und Gemüse zieht, hat die beste Basis für eine nachhaltige Lebensweise, und immer mehr Menschen entdecken, wie viel Freude es macht, eine Marmelade zu genießen, die man selbst aus eigenen Früchten gekocht hat.

Auch wenn das Konservieren eine uralte Kunst sein mag, ist dies doch ein sehr modernes Buch. Die Rezepte (eine Mischung aus Bewährtem und Neuem) entsprechen den Vorstellungen der modernen Küche. Sie basieren auf erstklassigen Zutaten. Da und dort haben wir auch versucht, etablierte Traditionen zu verjüngen. So müssen Sie Ihre

Küche nicht in eine Fabrik verwandeln und riesige Mengen einmachen oder unbedingt die herkömmlichen Mengen an Zucker verwenden. Zudem haben wir einige einfache moderne Variationen alter Methoden aufgenommen (wie Tiefkühlmarmelade und Tiefkühlpickles), stellen Ihnen Räuchergeräte für den Hausgebrauch vor und garantieren Ihnen, dass Sie alle Verfahren problemlos in Ihrer Küche anwenden können.

Die Verwandlung von frischen Lebensmitteln in köstliche Konserven ist eine lohnende Beschäftigung – und jede Jahreszeit bringt etwas Neues und Interessantes, das man in Gläsern, Flaschen und auf manche andere Weise haltbar machen kann. Freuen Sie sich darauf!

Lynda Brown

Die Kunst des Konservierens

Lebensmittel sind nur eine bestimmte Zeit lang haltbar, dann verderben sie – ihre Zellen altern und werden von Bakterien, Hefepilzen und Schimmel befallen. Konservierungsmethoden können diesen Prozess jedoch aufhalten oder zumindest verlangsamen.

Kühlen und Einfrieren

Lebensmittel verderben bei warmer Lagerung schnell – je kälter man sie aufbewahrt, desto länger bleiben sie frisch. Bei Gefriertemperaturen unter -18 °C können Mikroorganismen nicht arbeiten. Enzyme hingegen (Katalysatoren, die biochemische Prozesse in den Zellen beschleunigen) bleiben eingeschränkt aktiv. Deshalb büßt Gefriergut mit der Zeit an Geschmack und Konsistenz ein. Nach dem Auftauen nimmt die Aktivität von Enzymen und Mikroorganismen wieder zu. Einfrieren siehe Seite 36 ff.

Tiefgekühlte Bohnen Durch Einfrieren lässt sich das Aroma bewahren.

Feuchtigkeit entziehen

Mikroorganismen brauchen Feuchtigkeit, wenn man ihnen diese entzieht, sterben sie ab. Es gibt zwei Möglichkeiten, Lebensmitteln Feuchtigkeit zu entziehen: durch Trocknen unter Hitzeeinwirkung oder durch eine stark konzentrierte Salz- oder Zuckerlösung. Salz und Zucker töten Keime oder schränken ihr Wachstum stark ein. Getrocknete Lebensmittel müssen trocken gelagert werden, damit sie nicht schimmeln. Trocknen siehe Seite 24 ff., Konservieren mit Salz und Zucker siehe Seite 66 ff. sowie 208 ff.

Getrocknete Äpfel Das Wasser muss vollständig entzogen werden.

DIE KUNST DES KONSERVIERENS

MIKROORGANISMEN

Bakterien und Pilze sind in der Luft, in unserem Körper und in unseren Lebensmitteln allgegenwärtig. Befallen sie Lebensmittel, verderben diese nach und nach und werden ungenießbar. Mikroorganismen benötigen Sauerstoff und einen hohen pH-Wert. Unter warmen, feuchten Bedingungen gedeihen sie gut und vermehren sich rasch. Durch Konservierung soll eine für Keime feindliche Umgebung geschaffen werden (fast alle Arten von Bakterien und Pilzen werden bei Temperaturen von 74–100 °C und darüber rasch zerstört). Obwohl Mikroorganismen Lebensmittel verderben lassen, sind die meisten ungefährlich und manche sogar nützlich.

Zu den gefährlichen Keimen zählen Salmonellen, die durch Erhitzen zerstört werden können. Staphylokokken und Clostridien sind hitzebeständig. Sie können schwere Lebensmittelvergiftungen hervorrufen. Clostridien, darunter *Clostridium botulinum* (das Botulismus verursacht), gedeihen unter warmen luftlosen Bedingungen, weshalb beim Einlegen von Fleisch, Fisch und Gemüse in Öl besondere Vorsicht geboten ist.

Konzentrieren

Mikroorganismen können in Alkohol, unter sauren Bedingungen oder in hohen Salz- und Zuckerkonzentrationen nicht überleben. Die natürliche Säure von Früchten reicht allein aber nicht aus, weshalb sie meist in Zucker oder Alkohol konserviert werden. Basenreicheres Gemüse dagegen wird gewöhnlich in Essig oder Salz oder einer Mischung aus beiden konserviert. Konservieren in Zucker, Essig, Alkohol und Salz siehe Seite 66 ff., 120 ff., 146 ff., 208 ff.

Kirschen in Weinbrand Reiner Alkohol konserviert fast unbegrenzt.

Erhitzen

Beim Garen entstehende Hitze bremst die Aktivität der Enzyme (deshalb werden Gemüse vor dem Einfrieren blanchiert) und tötet fast alle Mikroorganismen ab. Je mehr Säure ein Lebensmittel enthält, desto leichter lassen sich Mikroorganismen durch Hitze zerstören. Beim Einkochen eignet sich Erhitzen für saure Früchte und Saucen auf Tomatenbasis, aber nicht für Gemüse, die wenig Säure enthalten. Blanchieren siehe Seite 36 ff., gegarte Konserven Seite 66 ff. sowie 120 ff., Einkochen Seite 146 ff.

Himbeermarmelade Kochen zerstört die meisten Mikroorganismen.

Luftdicht abschließen

Öl oder Fett auf Lebensmitteln kann kurzfristig ein effektiver »Verschluss« sein, der einerseits verhindert, dass Mikroorganismen in Kontakt mit dem Produkt kommen, und andererseits sauerstoffabhängige Bakterien im Lebensmittel »aushungert«. Obwohl diese Methode seit Jahrhunderten angewendet wird, um gegartes Fleisch und in Lake eingelegte Lebensmittel zu konservieren, ist sie weitgehend von modernen Konservierungsmethoden verdrängt worden. Dennoch sollte man das Verfahren kennen. In Öl oder Fett konservierte Lebensmittel stets im Kühlschrank aufbewahren (s. Kasten S. 9). Konservieren in Öl siehe Seite 190 ff., Konservieren in Fett siehe Seite 208 ff.

Gemüse in Öl Sie müssen stets vollständig mit Öl bedeckt sein.

Ein Vakuum erzeugen

Um die Verkeimung eingekochter Lebensmittel langfristig zu verhindern, dürfen die Gefäße keine Luft enthalten. Einkochen in Gläser oder Dosen, beides im 19. Jh. erfunden, ist bis heute die übliche Methode, um ein Vakuum zu erzeugen: Die gefüllten Gläser, Flaschen oder Dosen werden (mit aufgelegten Deckeln) erhitzt, wodurch sich die Luft im Innern ausdehnt und austritt. Das Vakuumieren, bei dem man Lebensmittel in Folie verpackt und dann die Luft heraussaugt (wie bei vielen Lebensmitteln im Supermarkt), ist eine moderne Variante dieses Verfahrens und so effektiv, dass vakuumierte Lebensmittel im Gefriergerät bedeutend länger halten als die in einfachen Gefrierbeuteln. Einkochen siehe Seite 19 sowie Seite 146 ff.

Eingekochte Früchte Obstkonserven halten bis zu zwölf Monate.

Gärung

Nicht alle Mikroben sind schädlich. Bei der Gärung macht man sich gute Bakterien und Pilze in der Luft zunutze, um Lebensmittel und Getränke haltbar zu machen. Die Zugabe speziell ausgewählter Mikroorganismen, wie Brauhefe bei der Bierherstellung oder Weinhefe bei der Weinherstellung, hat die gleiche Wirkung. Auf diese Weise kann Gerste zu Bier vergoren werden, aus Trauben oder Äpfeln entsteht Wein. Durch den Prozess der Milchsäuregärung schließlich, bei dem natürliche Bakterien in Gemüsen mit Salz reagieren, verwandeln sich Bohnen, Gurken und Kohl zu gesunden Sauerkonserven. Milchsäuregärung siehe Seite 208 ff.

Bier brauen Hefe fördert beim Brauen den Gärvorgang.

Räuchern

Schon seit Jahrhunderten nutzt man die Technik des Räucherns, um Lebensmittel haltbarer und schmackhafter zu machen. Vorangehendes Einsalzen entzieht dem Räuchergut Wasser und macht es sogar noch haltbarer. Heute wissen wir, dass Rauch winzige Mengen von mehr als 200 chemischen Verbindungen enthält, die zum Teil antimikrobiell wirken. Während das traditionelle Kalträuchern Spezialkenntnisse erfordert, ist Heißräuchern sehr einfach. Räuchergut schmeckt ausgesprochen aromatisch, da aber einige Rauchbestandteile (polyzyklische aromatische Kohlenwasserstoffe) als ungesund gelten, sollte man es nur in Maßen genießen. Konservieren durch Räuchern siehe Seite 236 ff.

Heiß geräucherte Forellen Der Fisch bleibt schön zart und saftig.

Natürliche Hilfsmittel

Salz, Zucker, Essig, Alkohol und Fett sind in der Küche unentbehrlich, und mit ihrer Hilfe lassen sich zu Hause auch Konserven herstellen, die den im Handel angebotenen Produkten qualitativ und geschmacklich weit überlegen sind.

Salz

Historisch betrachtet ist Salz (Natriumchlorid) das wichtigste Konservierungsmittel. Es entzieht Lebensmitteln Feuchtigkeit und stoppt dadurch das Wachstum von Mikroorganismen. Je höher die Salzkonzentration, desto haltbarer ist ein Lebensmittel.

Verwendung

Salz wird zum Konservieren von Gemüse, Fisch, Fleisch und manchmal Obst verwendet. Beispiele sind Parmaschinken, Klippfisch, Graved Lachs, Sauerkraut und Oliven.

Salzsorten

- Meersalz und unraffiniertes Steinsalz sind ideal.
- Pökelsalz dient speziell dem Pökeln von Fleisch. Es ist feiner als gewöhnliches Meersalz, dringt gut in das Fleisch ein und liefert zuverlässige Ergebnisse. Pökelsalz enthält bis zu 2,5 Prozent Nitrit, wodurch das Bakterienwachstum gehemmt und das Fleisch rot gefärbt wird. Man kann zum Pökeln auch Salz ohne Zusatzstoffe oder Natursalz verwenden, das Fleisch wird dann aber grau und ist nicht so lange haltbar.
- Normales Tafelsalz enthält Rieselhilfsmittel und ist zum Konservieren ungeeignet.

Zucker

In ausreichender Konzentration (60 Prozent oder mehr) konserviert Zucker ebenso gut wie Salz. Auch er entzieht Lebensmitteln Wasser, und je höher seine Konzentration, desto haltbarer ist das konservierte Lebensmittel.

Verwendung

Zucker wird vor allem zum Konservieren von Obst verwendet, in Kombination mit Essig aber auch für Obst-Gemüse-Mischungen wie Chutneys. Beispiele sind Konfitüren und Gelees, Fruchtpasten und kandierte Früchte.

Zuckersorten

- Weißer Rübenzucker und weißer oder hellbrauner Rohrzucker sind geeignet.
- Dunkelbrauner Zucker und Melassezucker sind für Fruchtkonserven zu intensiv, für Chutneys aber durchaus geeignet.
- Gelierzucker enthält ein Geliermittel und wird vor allem für Konfitüren aus pektinarmen Früchte (s. S. 69) verwendet.
- Feiner Zucker löst sich leichter auf und ist für Sirup und Getränke nützlich.
- Einmachzucker weist besonders große Kristalle auf und bildet weniger Schaum.

Öle und Fette

Pflanzliche Öle und tierische Fette verhindern wirksam den Kontakt von Lebensmitteln mit Sauerstoff. Da sie aber keine Konservierungsstoffe im eigentlichen Sinn sind, müssen die Lebensmittel zunächst verarbeitet, also eingesalzen oder gesäuert (meist mit Essig) werden.

Verwendung
Beispiele für in Öl eingelegte Lebensmittel sind Gemüse und Feta, in Fett kann man Fleisch konservieren.

Öl- und Fettsorten
- Olivenöl, Butter sowie Enten- und Gänsefett oder Schweineschmalz sind ideal.
- Sonnenblumen-, Traubenkern- und Rapsöl können ebenfalls verwendet werden.
- Das Fett von Rind und Lamm hat einen zu intensiven Eigengeschmack.

Alkohol

Reiner Alkohol besitzt die stärkste konservierende Wirkung. Er tötet alle Mikroorganismen, und in Alkohol konservierte Lebensmittel halten unbegrenzt.

Verwendung
Alkohol wird zum Konservieren von Obst verwendet, etwa für Kirschen in Weinbrand, Rumtopf oder Schlehenschnaps.

Alkoholsorten
- Weinbrand, Obstbrand, Gin, Rum, Wodka, und Whisky sind geeignet.
- Wein, Süßwein und Bier allein sind nicht stark genug, um Lebensmittel wirksam zu konservieren.

Essig

Wie Salz ist Essig von jeher ein wichtiges Hilfsmittel beim Konservieren. Er entsteht mithilfe von Essigbakterien, die Alkohol in Essigsäure umwandeln. Seine Säure hemmt das Wachstum der meisten Mikroorganismen, die Lebensmittel verderben lassen. Er muss aber mindestens 5 Prozent Säure enthalten.

Verwendung
Essig wird zum Konservieren von Gemüse in Form von Pickles, Relishes und Saucen sowie zum Einlegen von Fettfisch verwendet. Beispiele sind Gewürzgurken und Rollmöpse.

Essigsorten
- Alle Arten von Apfel-, Branntwein-, Malz-, Reis oder Weinessig sind zum Konservieren geeignet.
- Fertiger Einlegeessig aus dem Handel ist bereits gewürzt, muss aber in der Regel verdünnt werden.
- Balsamessig dient nur als Aromazutat.

Essig
Sauerkonserven werden in erster Linie durch Essig haltbar gemacht. Solange dieser mindestens 5 Prozent Säure enthält, kann jede Sorte verwendet werden. Rotweinessig schmeckt am kräftigsten, Reisessig (rechts) am mildesten.

Küchenutensilien

Die meisten Utensilien, die man beim Konservieren braucht, sind in jeder Küche vorhanden. So leistet etwa ein großer Edelstahltopf mit schwerem Boden fast immer gute Dienste. Für einige Arbeiten sind jedoch Spezialutensilien ausgesprochen hilfreich.

Zubereitung

Kleine Helfer – einige einfach, andere für spezielle Aufgaben – sind beim professionellen und erfolgreichen Konservieren nützlich.

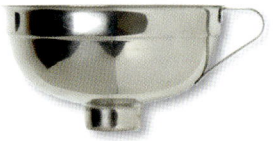

Breiter Marmeladentrichter
Erlaubt das saubere Einfüllen etwa von Konfitüre oder Chutney in Gläser. Gut geeignet sind Trichter aus Edelstahl.

Kleine Schöpfkelle
Unverzichtbar, etwa um heiße Konfitüre oder Früchte in Gläser zu füllen.

Schaumlöffel
Nützlich beim Pochieren von Obst in Sirup oder Gemüsen in Essig oder zum Abschäumen von Konfitüre.

Kochlöffel
Große Löffel mit langem Stiel sind für Konfitüre und Chutney ein Muss.

Zuckerthermometer
Hilfreich bei der Herstellung von Marmelade und Konfitüre, da sich mit seiner Hilfe der Gelierpunkt bei 105 °C genau ermitteln lässt.

Trichter mit langer Tülle
Zum Abfüllen von Getränken, Ketchup und Saucen. Edelstahl nimmt im Gegensatz zu Kunststoff keine Verfärbungen an.

Stabiler Seihbeutel aus Käseleinen
Dient zum Filtern und Abseihen von Getränken. An den Henkeln aufhängen.

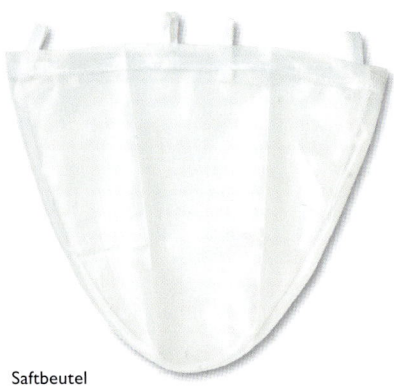

Saftbeutel
Ideal zum Abseihen von Fruchtsaft und kleineren Mengen Flüssigkeit. Zum Säubern nach außen drehen, in heißes Wasser legen, dann waschen.

Seihtuch aus Musselin
Als improvisierter Saftbeutel, zum Einwickeln von Schinken und zum Abdecken gärender Lebensmittel zu verwenden.

KÜCHENUTENSILIEN

Konfitürentopf aus Edelstahl
Ein dicker, schwerer Boden gewährleistet eine gleichmäßige Hitzeverteilung, hohe Wände erlauben kräftiges Kochen. Ideal zur Herstellung größerer Mengen Konfitüre oder Chutney.

Räucherset aus Edelstahl
Räuchergerät mit Rost und Deckel zum Heißräuchern im Haus und im Freien. In verschiedenen Größen erhältlich.

Wok
Ein Wok mit Gitter und Glasdeckel ist zum Heißräuchern ebenfalls geeignet.

Siphon

Glasballon zum Brauen
Drei Utensilien sind beim Brauen unverzichtbar: Ein Glasballon zur Aufbewahrung der gärenden Flüssigkeit, ein Gärverschluss, der den Druck im Ballon kontrolliert, und ein Siphon, um das Bier auf Flaschen zu ziehen. Nützlich ist ferner Lackmuspapier zur Bestimmung des Säuregehalts.

Glasballon

Fleischwolf zum Wursten
Dieser Fleischwolf hat einen Aufsatz, der das Füllen von Wursthüllen einfach macht. Es gibt auch elektrische Fleischwölfe.

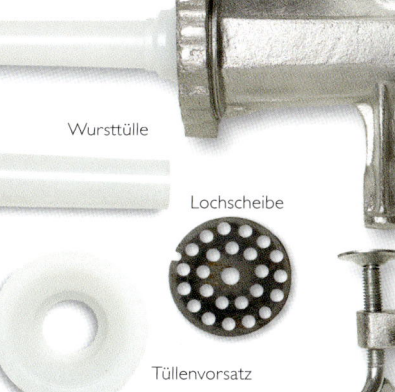

Wursttülle

Lochscheibe

Gärverschluss

Fleischwolf mit Kurbel

Tüllenvorsatz

KÜCHENUTENSILIEN

Aufbewahrung

Ob Glas, Steingut oder Kunststoff – das richtige Gefäß ist beim Konservieren der Schlüssel zum Erfolg. Sammeln Sie zweckmäßige und dekorative Gefäße verschiedener Größen. Die Wiederverwendung spart Geld und ist umweltfreundlich. Alle Gefäße müssen jedoch unbeschädigt sein und vor Gebrauch sterilisiert werden (s. S. 18).

Gläser

Zum Konservieren verwendet man zwei Typen: Gläser mit Schraubverschluss sowie Einmachgläser mit Glasdeckel und Dichtungsring, die mithilfe einer Metallklammer verschlossen werden. Beide kann man wiederverwenden, sofern man Gummiringe oder Deckel ersetzt. Marmeladengläser kann man auch mit Zellophan verschließen. Der Handel hält Gläser in vielen Formen und Größen bereit – von 80 ml bis 1 l und mehr werden alle Bedürfnisse erfüllt.

> ### SPEZIALGLÄSER
>
> Immer dann, wenn Einmachgut im Wasserbad oder Backofen erhitzt werden muss, benötigt man Spezialgläser aus gehärtetem Glas. Sie vertragen hohe Temperaturen und halten bei richtiger Handhabung ein Leben lang. Man bekommt sie in vielen verschiedenen Ausführungen, und alle sind hübsch genug, um sie direkt auf den Tisch zu stellen. Neben den in Deutschland üblichen Modellen mit Glasdeckel und Gummidichtung, die man mit einer Metallklammer zusammenfügt, gibt es auch Schraubgläser, deren Deckel aus zwei Teilen besteht – einem austauschbaren säurebeständigen Deckel und einem wiederverwendbaren Schraubring. Diese Gläser eignen sich für Obst-, Gemüse- und Fleischkonserven.
>
> **Zweiteiliger Deckel**
> Spezialbeschichteter Deckel mit Schraubring

Einmachglas mit Bügelverschluss
Dieses Glas hat einen Glasdeckel mit Scharnier und einen austauschbaren Dichtungsgummi.

Marmeladengläser (Twist-off-Gläser)
Für Konfitüre, Marmelade und Gelee. Die Gläser können mehrfach verwendet werden, beschädigte Deckel unbedingt ersetzten oder Zellophanpapier benutzen.

Glasförmchen
Zum Abfüllen von Fruchtpasten in kleineren Mengen; schön zum Verschenken.

Glas mit Schraubverschluss
Für diese Gläser gibt es ein- oder zweiteilige Deckel (siehe Kasten).

KÜCHENUTENSILIEN 17

Gefrierbehälter

Empfehlenswert sind stabile Kunststoffbehälter, die sich ordentlich stapeln lassen. Die Behälter etikettieren und beschriften.

Kunststoffbehälter
Geeignet für Tiefkühlmarmelade, Gemüsepürees und gegarte Saucen. Die Deckel müssen fest schließen.

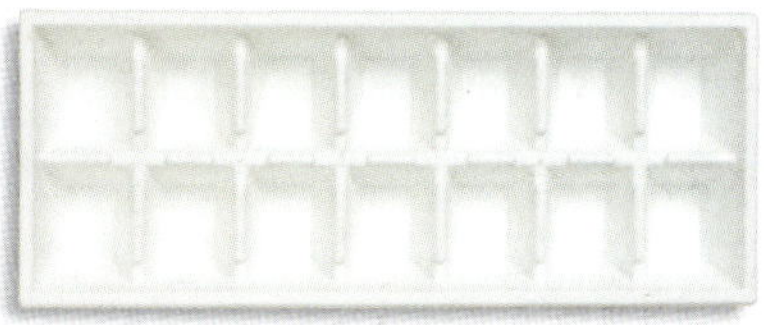

Große Gefrierbox
Ideal zum Einsalzen und Pökeln von Schinken, Speck und großen Fleischstücken. Einen nicht zu kleinen Behälter mit Abtropfgitter und Deckel verwenden.

Klarglasflasche
Diese größeren Flaschen (750 ml) eignen sich für Wein, Apfelwein und Saft. Darauf achten, dass die Korken immer fest sitzen.

Eiswürfelschale
Zum portionsweisen Einfrieren von Kräutern und essbaren Blüten zu empfehlen.

Braune Bierflasche
Traditionelle braune Flaschen (500 ml) eignen sich für Bier am besten. Mit Kronkorken verschließen.

Flaschen

Glasflaschen sind umweltfreundlich (je dicker das Glas, desto besser), denn sie können viele Male verwendet werden. Dekorative Flaschen eignen sich zum Verschenken. Flaschen benötigt man zum Abfüllen von Saft, Sirup, Ketchup, Saucen, Likör und Schnäpsen. Ob alt oder neu: alle Flaschen müssen unbeschädigt sein und vor Gebrauch sterilisiert werden (s. S. 18).

Korken
Aus der Rinde der Korkeiche hergestellt – eine umweltfreundliche Wahl.

Flasche mit Bügelverschluss
In vielen Größen erhältlich. Für Likör, Sirup, Saft und Holunderblütensekt geeignet.

Hygiene und Sicherheit

Gewissenhafte Hygiene und Lebensmittelsicherheit sind beim Konservieren das A und O. Zudem ist es wichtig, nur erstklassige Produkte zu verwenden, sie bei der richtigen Temperatur zu konservieren und die empfohlene Lagerzeit nicht zu überschreiten.

Hygieneregeln

- Arbeitsflächen und Küchengerät absolut sauber halten. Saubere Handtücher benutzen und häufig die Hände waschen, vor allem beim Verarbeiten von Fleisch und Fisch.
- Der Kühlschrank muss sauber sein und die richtige Temperatur haben (4–6 °C).
- Gläser, Flaschen, Deckel und Einmachgummis vor der Verwendung sterilisieren (unten).
- Bevor die Gläser gelagert werden und dann in regelmäßigen Abständen prüfen, ob die Deckel fest sitzen. Einmachgut, das aussieht, als würde es verderben, wegwerfen.
- Bei rohem wie gegartem Fleisch oder Fisch besondere Vorsicht walten lassen. Stets kalt und für sich lagern und nur mit sauberen Küchenutensilien verarbeiten.

Sterilisieren

Backofen Gläser, Flaschen und Deckel in heißem Wasser abwaschen, abtropfen lassen und umgedreht für 15 Minuten in den 140 °C heißen Backofen stellen.

Geschirrspülmaschine Gläser, Flaschen und Deckel direkt vor Verwendung heiß spülen.

Mikrowellengerät Nicht geeignet für Gläser mit Metallbügeln und Deckel aus Metall. 4 Esslöffel Wasser in jedes Glas geben. Für 2 Minuten in das Gerät stellen, dann umgedreht auf Küchenpapier trocknen lassen.

Wasserbad Gläser, Flaschen und Deckel in einem Topf mit Wasser bedecken und bis zum Siedepunkt erhitzen. Bis zur Verwendung im heißen Wasser lassen.

Gummiringe, Seihtücher und Saftbeutel mit kochendem Wasser übergießen.

Erhitzen

Für eine langfristige Lagerung muss das Einmachgut im Backofen oder Wasserbad erhitzt werden. Da sich dabei in den Gläsern und Flaschen verbliebene Luft ausdehnt und entweicht, entsteht beim Abkühlen ein Vakuum. Einkochzeiten siehe Seite 149.

1 Die Deckel aufsetzen. Bei Schraubgläsern (mit ein- oder zweiteiligen Deckeln, s. S. 16) neue Deckel verwenden und diese aufschrauben, dann um eine Vierteldrehung lockern. Bei herkömmlichen Einmachgläsern mit Glasdeckel die Gummidichtung einsetzen, den Deckel auflegen und je nach Modell mit einem großen Bügel oder zwei kleinen Klammern aus Metall fixieren.

2 Bei der **Ofenmethode** die Gläser oder Flaschen mit etwa 5 cm Abstand auf ein (zum Schutz des Backofens) mit Zeitungspapier abgedecktes Backblech setzen. Das Blech in die Mitte des 150 °C (Umluft 130 °) heißen Ofens schieben und das Einmachgut erhitzen. Nach dem Herausnehmen sofort die Schraubverschlüsse fest anziehen.

Bei der **Wasserbadmethode** die Gläser auf einem gefalteten Küchenhandtuch oder einem Gitter in einen Einkochtopf oder großen Edelstahltopf stellen, ohne dass sie sich berühren, und 2,5 cm hoch mit Wasser bedecken. Sehr langsam zum Köcheln bringen und die notwendige Zeit (s. S. 149) erhitzen. Mit einer Küchenzange herausnehmen und Schraubverschlüsse sofort fest anziehen.

3 Um zu prüfen, ob ein Vakuum entstanden ist, nach 24 Stunden die Schraubringe oder Metallklammern vorsichtig lösen. Mit einem Fingernagel testen, ob sich die Deckel anheben lassen. Wenn sie fest an ihrem Platz sitzen, können die Schraubringe wieder angezogen werden. Die Metallklammern werden nicht mehr benötigt. Lässt sich der Deckel anheben, muss das Einmachgut gekühlt und innerhalb von zwei Wochen verbraucht werden.

Aromazutaten

Salz, Zucker, Essig und Alkohol prägen den Charakter des Einmachguts, doch erst mithilfe von Kräutern, Gewürzen und anderen Aromazutaten wird es perfekt. Diese Übersicht hilft Ihnen, die richtigen Kräuter und Gewürze auszuwählen.

BASICS – Grundzutaten, die oft mit anderen kombiniert werden.		
ZUTAT	**ART**	**VERWENDUNG**
Chilischoten	frisch, getrocknet	Frische und getrocknete Chilischoten geben Schärfe und Pfiff. Empfehlenswert für Chutneys, Pickles, Ketchup und Saucen sowie als Aromazutat für Räuchergut, Fleisch- und Fischkonserven, aber auch für Konfitüren, Gelees und eingekochtes Obst.
Zitrusfrüchte	Orange, Zitrone, Limette	Zitrusfrüchte liefern Säure und verstärken die natürliche Süße der meisten Früchte. Etwas Zitronensaft hebt den Geschmack immer. Kleine Mengen Schale zu süßem und pikantem Einmachgut und gebeiztem Fisch geben.
Ingwer	frisch, getrocknet, kandiert	Ingwer ist ein warmes, belebendes Gewürz. Frisch oder getrocknet in pikante Konserven, Saucen und Getränke geben, kandiert für Marmelade und Obst.
Knoblauch	frisch, getrocknet	Sein unverwechselbarer Geschmack macht ihn unersetzlich. Geschält und gehackt für pikantes Einmachgut, Ketchup, Saucen und Würste, außerdem in Marinaden für Räuchergut. Frischer Knoblauch ist milder als getrockneter. Letzteren mit Vorsicht auswählen – er darf weder schal noch unangenehm stark riechen.
Lorbeerblätter	frisch, getrocknet	Am besten sind frische (oder selbst getrocknete) Lorbeerblätter. Für pikante Konserven, Saucen, Ketchup, Gemüse in Öl und Räuchergut.

Chilischoten

FRISCH – Aromen, die den Charakter einer Jahreszeit einfangen. Am besten einzeln verwenden.		
ZUTAT	**ART**	**VERWENDUNG**
Kräuter	Basilikum, Dill, Estragon, Koriander, Minze, Oregano, Petersilie, Rosmarin, Salbei, Thymian	Kräuter wie Basilikum, Koriander, Kerbel, Minze, Petersilie in Pesto und Chutneys geben. Robuste oder sehr würzige Kräuter wie Estragon, Minze, Salbei, Rosmarin, Thymian für süße und pikante Gelees oder zum Würzen von Essig verwenden. Dill ist unverzichtbar für eingelegte Gurken und Räucherfisch, Minze für Getränke geeignet.
Blüten	Holunder, Jasmin, Lavendel, Nelken, Rosen, Veilchen	Stark duftende Blüten sorgen für ungewöhnliche Aromen. Für Marmelade und Konfitüre, Fruchtpasten, Sirup und Säfte geeignet. Nach der Ernte möglichst rasch verarbeiten.

Dill

AROMAZUTATEN

AROMATISCH UND EXOTISCH – Zarte, komplexe oder intensive Aromen. Sparsam verwenden.		
ZUTAT	**ART**	**VERWENDUNG**
Ganze Gewürze	Anissamen, Dillsamen, Fenchelsamen, Kardamom, Koriander, Kreuzkümmel, Kümmel, Muskatblüte, Muskatnuss, Nelken, Pfefferkörner, Piment, Schwarzkümmel, Selleriesamen, Senfkörner, Sternanis, Wacholderbeeren, Zimt	Wie die Palette für den Maler sind diese Gewürze für das Aromatisieren von süßen und pikanten Konserven, Getränken, gepökeltem Fleisch, gesalzenem Fisch oder Räuchergut ein kreatives Feld – hier mischt man ganz nach persönlicher Vorliebe. Mit Selleriesamen, Kümmel, Dill und Wacholderbeeren kann man Sauerkraut und andere eingesalzene Gemüse aromatisieren. Das beste Aroma haben ganze oder frisch gemahlene Gewürze. Ganze Gewürze kann man vor dem Verschließen der Gläser entfernen. – Nach Anis schmecken Fenchel, Anis und Sternanis, asiatische Aromen verströmen Koriander und Kardamom, Schärfe kommt von Pfefferkörnern, Senfkörnern und Schwarzkümmel, pikante Würze von Selleriesamen, Kümmel, Dillsamen und Muskatblüte. Muskatnuss ist süßlich, Piment, Zimt, Nelken und Sternanis verströmen warme, Wacholderbeeren und Kreuzkümmel holzige Noten.
Einlegegewürze	Koriandersamen, Lorbeerblätter, Muskatblüte, Nelken, Pfefferkörner, Piment, weiße Senfkörner	Kräftige Gewürze, die gut miteinander harmonieren. Gewöhnlich werden sie zur Herstellung von Essig für eingelegte Gemüse und Chutneys verwendet. Man kann sie auch in Musselinsäckchen einbinden und nach dem Garen wieder entfernen. Die Gewürze lassen sich beliebig kombinieren, nach Belieben auch mit frischem Ingwer und/oder Chilischoten.
Gemahlene Gewürze und Mischungen	Cayennepfeffer, Curry (Mischung aus indischen Gewürzen), Fünfgewürzepulver, gemahlene Kurkuma, gemahlener Senf, geräucherter gemahlener Paprika	Diese kräftigen Aromen kann man für Chutneys und Relishes verwenden oder der Marinade für Räuchergut hinzufügen. Das Angebot an Gewürzmischungen ist groß und lädt zum Experimentieren ein. Es empfiehlt sich, nur kleine Mengen zu kaufen und rasch zu verbrauchen, da gemahlene Gewürze schnell an Geschmack verlieren. Cayennepfeffer, gemahlene Kurkuma und Kardamomkapseln
Exotische Blätter und Früchte	Duftgeranienblätter, Kaffirlimettenblätter, Tamarindenhülsen, Vanilleschoten, Zitronengras, Zitronenverbene	Blätter mit floral-zitrusartigen Aromen anstelle von Zitronen und Limetten in Obstkonserven und Getränke geben oder zum Aromatisieren von Konfitüren und Gelees verwenden. Tamarinde schmeckt säuerlich und fruchtig. Sie ähnelt in der Konsistenz getrockneten Datteln und wird für Chutneys verwendet. Vanilleschoten sind unverzichtbar für Konfitüren, Marmelade, eingemachtes Obst, Getränke und Früchte in Alkohol.
Holzspäne	Ahorn, Apfel, Eiche, Erle, Hickory, Kirsche, Mesquite, Pekannuss	Apfel-, Ahorn- und Erlenholz erzeugen einen milden Rauchgeschmack, Hickory-, Mesquite- und Pecannussholz, die man meist für rotes Fleisch verwendet, ein kräftigeres Aroma. Eichenspäne verleihen ein volles süßes Aroma, Kirschholz passt besonders gut zu Wild. Mann kann auch verschiedene Hölzer mischen. Stets spezielle Späne zum Räuchern kaufen. Man braucht nur eine kleine Menge (etwa einen gestrichenen Teelöffel), um die charakteristische Räuchernote zu erzeugen.
Aromatisiertes Wasser	Orangenwasser, Rosenwasser	Konzentrierte exotische Orangen- und Rosenblütenaromen, von denen man nur wenige Tropfen in Konfitüren oder Fruchtpasten geben sollte.
Ausgelöste Fruchtkerne	Aprikose, Kirsche, Nektarine, Pfirsich, Pflaume	Die kleinen Kerne im Inneren aller Steinfrüchte duften zart nach Bittermandel. Die Steine aufschlagen und einige Kerne zu den jeweiligen Früchten oder Konfitüren geben (vorher blanchieren und die Haut abziehen).

Was man wie verwendet

Diese Übersicht zeigt, auf welche Weise Obst, Gemüse und Kräuter am besten konserviert werden können. Sie hilft ihnen, die frischen Produkte der Saison immer optimal zu verwerten.

Weitere Details zum Konservieren dieser Früchte und Kräuter siehe »Die besten Zutaten für …« am Beginn der einzelnen Kapitel.	TROCKNEN	EINFRIEREN	MARMELADE	KONFITÜRE	FRUCHTPASTE	KANDIERTE FRÜCHTE	CHUTNEY	PICKLES	EINKOCHEN	SÄFTE & SIRUP	KETCHUP & SAUCEN	EINLEGEN IN ÖL	EINSALZEN
OBST													
Äpfel	✓	✓	✓		✓		✓		✓	✓	✓		
Aprikosen	✓	✓	✓	✓	✓	✓	✓	✓	✓	✓			
Birnen	✓	✓	✓	✓	✓	✓	✓	✓	✓	✓			
Boysenbeeren		✓	✓	✓	✓				✓	✓			
Brombeeren		✓	✓	✓	✓		✓		✓	✓	✓		
Cranberrys	✓	✓	✓		✓		✓		✓	✓	✓		
Erdbeeren		✓	✓	✓					✓	✓			
Feigen	✓	✓	✓	✓		✓	✓	✓	✓				
Heidelbeeren		✓	✓	✓					✓	✓			
Himbeeren		✓	✓	✓	✓				✓	✓			
Holunderbeeren									✓	✓			
Holzäpfel		✓					✓						
Johannisbeeren		✓	✓						✓	✓			
Kirschen	✓	✓	✓	✓		✓			✓	✓	✓		
Loganbeeren		✓	✓	✓	✓				✓	✓			
Melonen		✓	✓	✓		✓			✓	✓			
Mispeln		✓			✓								
Nektarinen	✓	✓	✓	✓		✓	✓	✓	✓	✓			
Pfirsiche	✓	✓	✓	✓		✓	✓	✓	✓	✓			
Pflaumen, Zwetschen	✓	✓	✓	✓	✓	✓	✓	✓	✓	✓		✓	
Quitten		✓	✓		✓				✓	✓	✓		
Renekloden, Mirabellen	✓	✓	✓	✓	✓	✓	✓	✓	✓	✓		✓	
Rhabarber		✓	✓				✓	✓	✓	✓			
Schlehen		✓							✓				
Stachelbeeren		✓	✓		✓				✓	✓		✓	
Taybeeren		✓	✓	✓	✓				✓	✓			
Wassermelone									✓	✓			
Weintrauben	✓		✓	✓	✓	✓			✓	✓			
Zitrusfrüchte	✓	✓	✓		✓	✓	✓	✓	✓	✓			✓
KRÄUTER													
Essbare Blüten	✓	✓	✓			✓				✓			
Kräuter	✓	✓					✓			✓		✓	

WAS MAN WIE VERWENDET

Weitere Details zum Konservieren der hier aufgeführten Gemüse siehe »Die besten Zutaten für ...« am Anfang der einzelnen Kapitel. **GEMÜSE**	TROCKNEN	EINFRIEREN	MARMELADE	CHUTNEYS	PICKLES	EINKOCHEN	SÄFTE & SIRUP	KETCHUP & SAUCEN	EINLEGEN IN ÖL	EINSALZEN	RÄUCHERN
Artischocken (jung)		✓							✓		
Auberginen		✓		✓	✓	✓			✓		
Süßkartoffeln		✓									
Blumenkohl		✓			✓				✓		
Brokkoli		✓									
Buschbohnen		✓		✓	✓				✓	✓	
Chilischoten	✓			✓	✓	✓		✓	✓		✓
Dicke Bohnen	✓	✓									
Erbsen	✓	✓									
Gemüsefenchel		✓			✓				✓		
Gurken					✓					✓	
Kartoffeln											✓
Knoblauch	✓			✓	✓			✓	✓		✓
Knollensellerie	✓	✓			✓				✓		
Kohlrabi		✓			✓						
Kopfkohl		✓			✓					✓	
Kürbis		✓	✓	✓	✓						
Lauch		✓									
Mais	✓										✓
Mangold und Winterspinat		✓									
Markkürbisse		✓	✓	✓							
Meerrettich					✓			✓			
Möhren	✓	✓	✓	✓	✓				✓		
Paprikaschoten		✓	✓	✓	✓	✓		✓	✓		✓
Pastinaken	✓	✓									
Pilze	✓	✓			✓			✓	✓		
Rettiche					✓					✓	
Romanesco		✓			✓				✓		
Rosenkohl		✓									
Rote Rüben				✓	✓						
Schwarzwurzeln		✓							✓		
Spargel		✓							✓		
Spinat		✓									
Stangenbohnen		✓		✓	✓					✓	
Staudensellerie				✓	✓				✓		
Steckrüben		✓									
Tomaten	✓	✓	✓	✓		✓	✓	✓	✓		
Topinambur		✓									✓
Weiße Rüben		✓			✓					✓	
Zucchini		✓		✓	✓				✓		
Zuckerschoten		✓									
Zwiebeln	✓			✓	✓			✓	✓		

Trocknen ist nützlich, wenn es darum geht, eine Rekordernte im Garten zu verwerten. Getrocknete Produkte wie Äpfel, Pilze und Tomaten haben ein intensives Aroma und benötigen wenig Lagerfläche. Der Handel bietet spezielle Dörrgitter und Dörrapparate an, tatsächlich ist aber zum Trocknen in der Regel nichts anderes nötig als die sanfte Hitze des Backofens. Manche Gemüse, wie Chilischoten und Bohnen, brauchen noch weniger Aufmerksamkeit: Zum Lufttrocknen bedarf es lediglich einer konstanten Zimmertemperatur, geringer Luftfeuchtigkeit und guter Lüftung.

Die besten Zutaten zum ...
Trocknen

Frisches Obst oder Gemüse, in perfektem Zustand geerntet und richtig getrocknet, schmeckt wunderbar. Hier stellen wir Ihnen die idealen Kandidaten vor.

Pilze
Durch ihre weiche Konsistenz und ihren hohen Wassergehalt sind alle Pilze gut zum Trocknen geeignet. Bei schwacher Hitze im Backofen (s. S. 28–29) oder an der Luft trocknen.

Chilischoten
Chilis lassen sich leicht an der Luft trocknen (s. S. 30–31). Feste, glänzende, reife Früchte wählen, die sich gerade rot färben. Beim Hantieren mit schärferen Sorten Gummihandschuhe tragen.

Borlotti-Bohnen
Selbst gezogene Bohnen möglichst lange an der Pflanze hängen lassen und nach der Ernte lufttrocknen (s. S. 30–31), bis sie geschrumpft, aber noch prall sind.

Tomaten
Selbst getrocknete Tomaten sind unvergleichlich aromatisch. Gute, reife, fleischige Tomaten im Backofen trocknen, in trockenem, heißem Klima auch an der Luft (s. S. 34–35).

KRÄUTER
Manche Kräuter bewahren ihr Aroma tiefgekühlt am besten, andere können auch zu Sträußchen gebunden kopfüber an einem warmen, dunklen, luftigen Platz zum Trocknen aufgehängt werden. Sie eignen sich zum Würzen und für Kräutertee. Getrockneter Oregano ist unverzichtbar für eine gute Pizza, getrocknete Minze ideal für nahöstliche Gerichte. Zum Einlegen die aromatischen Samen von Dill, Kerbel, Koriander, Kreuzkümmel und Fenchel sammeln.

Oregano

Hopfen
Zum Bierbrauen im Frühherbst die weiblichen Blütenstände ernten, sobald sie papierartig sind und beim Zusammendrücken flach bleiben. Sie trocknen an der Luft.

Mais
Er wird traditionell im Backofen getrocknet. Die getrockneten Körner zur Herstellung von Popcorn verwenden oder winterlichen Suppen und Eintöpfen hinzufügen.

DIE BESTEN ZUTATEN ZUM TROCKNEN 27

TIPPS
Perfekt getrocknetes Gemüse enthält nicht mehr als 10 Prozent Wasser, Obst 20 Prozent (vor und nach dem Trocknen wiegen). Richtig lagern (an einem warmen Platz kann sich die Haltbarkeit halbieren) und regelmäßig kontrollieren.

Birnen
Zum Dörren im Ofen Birnen vierteln oder achteln und wie Äpfel verarbeiten (s. S. 32–33). Sie bewahren dabei körnige Konsistenz und Geschmack und eignen sich als Snack oder als Zutat für geschmortes Wild und Schweinefleisch.

AUCH GEEIGNET

OBST
Cranberrys Backofen
Kirschen Backofen
Nektarinen Backofen
Pflaumen Backofen
Weintrauben Backofen

GEMÜSE
Augenbohnen Luft
Cannellini-Bohnen Luft
Dicke Bohnen Luft
Grüne Bohnen Luft
Knollensellerie Backofen
Möhren Backofen
Pastinaken Backofen
Schwarze Bohnen Luft
Sojabohnen Luft
Wachtelbohnen Luft
Weiße Bohnen Luft

KRÄUTER
Lavendel Luft
Lorbeerblätter Luft
Minze Luft
Oregano Luft
Rosmarin Luft
Zitronenverbene Luft

TROPISCHE FRÜCHTE
Ananas, Bananen und Mangos kann man gut im Ofen trocknen. Bio-Früchte oder Früchte aus fairem Handel bevorzugen (hier sind faire Löhne und Arbeitsbedingungen in den Erzeugerländern garantiert).

Feigen
Große reife Früchte halbieren, kleine ganz lassen (sollte das Schälen schwierig sein, für 30 Sekunden in kochendes Wasser tauchen). 36–48 Stunden im Ofen dörren.

Pfirsiche
Reife, aromatische Früchte halbieren, entsteinen und 36–48 Stunden im Backofen dörren oder in Scheiben geschnitten 12–16 Stunden (Hälften oder Scheiben immer zuerst in Zitronensaft tauchen).

Aprikosen
Aprikosen halbieren, entsteinen und mit den Schnittflächen nach oben 36–48 Stunden im Ofen dörren, bis sie ledrig sind. Für süße und pikante Gerichte verwenden.

Äpfel
Reife, süße Tafeläpfel verwenden. Die Ringe können auf Schnur aufgefädelt über einer Wärmequelle an der Luft trocken, meist dörrt man sie aber im Backofen (s. S. 32–33).

Zitrusschale
Sie lässt sich leicht lufttrocknen. Die gewaschene Schale dünn abschneiden und 8–12 Stunden trocknen lassen. Für marokkanische Gerichte und Gebäck verwenden.

Pilze trocknen

Pilze werden für ihr feines erdiges Aroma geschätzt, das sich beim Trocknen intensiviert. Sie können an der Luft oder, wie hier, im Backofen getrocknet werden und sind dann eine unersetzliche Zutat im Vorratsschrank.

Trockenpilze

ERGIBT ETWA 60 G

FERTIG IN 15 MINUTEN, PLUS WARTEZEIT

HALTBAR 9–12 MONATE

ZUTATEN

500 g braune Champignons, Shiitake, Buchenraslinge oder frisch gesammelte Wildpilze

> **PILZE SAMMELN**
>
> Wilde Speisepilze sind eine Delikatesse. Die bekanntesten Arten zum Trocknen sind Steinpilze (*Boletus edulis*), Morcheln (*Morchella esculenta*), Wiesenchampignons (*Agaricus campestris*) und Pfifferlinge (*Cantharellus cibarius*). Essen und konservieren Sie nur Pilze, die Sie oder ein Experte zweifelsfrei bestimmen konnten. Pilze an trockenen Tagen sammeln. Zum Konservieren keine nassen, beschädigten oder älteren Exemplare verwenden. Schmutz mit einer weichen Bürste entfernen. Gesammelte Pilze innerhalb von 24 Stunden verzehren oder trocknen.

1 Kleine Pilze ganz lassen, große in 0,5–1 cm dicke Scheiben schneiden. Nebeneinander auf mit Küchenpapier ausgelegten Blechen oder Drahtgittern verteilen und für 4–6 Stunden in den 50–60 °C heißen Backofen schieben. Bei einem Elektroherd die Backofentür mithilfe eines Spießes leicht geöffnet halten, damit die Feuchtigkeit entweichen kann.

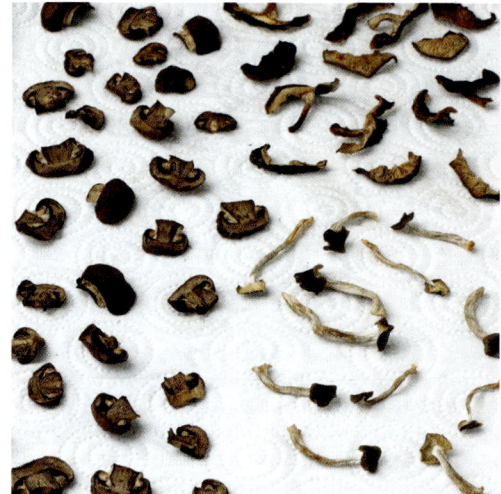

2 Die Pilze sind fertig, wenn sie um mindestens die Hälfte geschrumpft, aber noch biegsam sind. Herausnehmen und auf den Blechen vollständig abkühlen lassen. Zum Lufttrocknen die Pilze auf den Blechen oder Gittern über Nacht mit 5–10 cm Abstand über einer Wärmequelle (Holzofen, Heizkörper) platzieren.

3 Die Trockenpilze in Glasgefäße füllen. Nach Belieben einige Reiskörner dazugeben. Die Pilze an einem kühlen, dunklen Platz lagern. Richtig getrocknet halten sie 9–12 Monate. Man kann Pilze auch offen auf Blechen einfrieren und dann in Tiefkühlbehälter oder -beutel füllen. Im Gefriergerät sind sie 12 Monate haltbar.

Bohnen und Chilischoten trocknen

Bohnen, die man enthülsen kann, wie Borlotti- und Kidneybohnen, werden vor allem ihrer prallen Samen wegen gezogen. Diese können zu Hause getrocknet werden und schmecken weitaus besser als gekaufte Ware. Rote Chilischoten werden traditionell an Schnüren aufgehängt luftgetrocknet.

Bohnen Die Hülsen an den Pflanzen hängen lassen, solange es warm genug ist, um sie im Freien zu trocknen. Die Samen in den Hülsen schwellen an, während diese verblassen und pergamentartig werden. Zum Ernten an einem schönen Tag die ganzen Pflanzen herausziehen.
Die Hülsen auf Gittern oder Zeitungspapier weiter trocknen, bis sie brüchig sind. Die Samen auslösen und auf ein luftiges Fensterbrett stellen, bis sie trocken, aber noch nicht runzelig sind, zwischendurch regelmäßig schütteln. In Gläsern aufbewahrt halten sie bis zu einem Jahr. Zur Verwendung über Nacht einweichen.

Chilischoten Zum Trocknen eignen sich nur rote Chilis Die Früchte ernten und zum Trocknen Schnur um den Stiel einer Schote wickeln und verknoten. Im Abstand von 2,5 cm jeweils weitere Schoten befestigen. Die Girlande für etwa zwei Wochen an einen warmen, trockenen und luftigen Platz hängen, bis die Schoten verschrumpelt sind.

Gitter mit Borlotti-Bohnen
Die Bohnen auf Drahtgittern oder Zeitungspapier locker verteilen und an einen warmen, luftigen Platz stellen.

Obst im Backofen dörren

Getrocknete Früchte sind ein gesunder Snack und eine ausgezeichnete Ergänzung für Müsli und Kuchen, zu Fleischgerichten oder vegetarischen Speisen. Alle Obstsorten werden auf die gleiche Weise getrocknet.

Apfelringe

ERGIBT ETWA 225 G

FERTIG IN 15–20 MINUTEN PLUS WARTEZEIT

HALTBAR 6 MONATE (EINGEFROREN 12 MONATE)

ZUTATEN

1 kg reife Äpfel

2 EL Zitronensaft oder ½ TL Zitronensäure, mit 600 ml Wasser verrührt

---

TIPPS ZUM TROCKNEN

Bei einem Elektroherd die Tür mit einem Spieß leicht geöffnet halten, damit die Ringe durch den Luftstrom eher trocknen als garen.

Die niedrigste Temperaturstufe wählen. Ist der Ofen zu heiß, bildet sich auf den Früchten eine Haut, die die Verdunstung verhindert.

Früchte wie Aprikosen nach Belieben entsteinen. Halbierte Früchte mit den Schnittflächen nach oben trocknen.

Die dicke Schale von Früchten wie Melonen und Bananen entfernen, ebenso Samen.

Früchte, deren Haut nicht entfernt wird, wie Weintrauben und Kirschen, für 30 Sekunden in kochendes Wasser legen, damit die Haut aufplatzt. Dann abtropfen lassen und trocken tupfen.

---

1 Die Äpfel kurz in kaltem Wasser waschen und nach dem Ausstechen der Kerngehäuse in 3–5 mm dicke Ringe schneiden. Bei Fallobst zuerst beschädigte Stellen ausschneiden. Die äußeren Ringe mit viel Schale wegwerfen.

2 Die Ringe in das Zitronenwasser legen, auf einem Küchenhandtuch abtropfen lassen und nebeneinander auf Drahtgittern verteilen, die auf einem Blech platziert werden. Im 50–60 °C heißen Backofen je nach Temperatur 8–24 Stunden dörren (dies kann auch schrittweise erfolgen).

3 Die Ringe ab und zu wenden. Sie sind fertig, wenn sie sich wie weiches Wildleder anfühlen. (Man kann sie auch dörren, bis sie knusprig werden.) Herausnehmen und mit Küchenpapier abgedeckt 12–24 Stunden stehen lassen, dabei ab und zu wenden, damit möglichst viel Feuchtigkeit verdunstet. Dies reduziert die Schimmelgefahr.

4 Die fertigen Ringe in luftdicht verschließbare Gläser füllen, an einen kühlen, dunklen Platz stellen und regelmäßig überprüfen. Oder in kleine Gefrierbehälter verpacken und tiefkühlen.

Tomaten im Ofen dörren

Getrocknete reife Tomaten sind köstlich und aus der modernen Küche nicht mehr wegzudenken. Wenn man sie bei geringer Hitze trocknet, ähneln sie sonnengetrockneten Tomaten aus südlichen Ländern.

Im Ofen getrocknete Tomaten

ERGIBT ETWA 900 G

FERTIG IN 10 MINUTEN PLUS WARTEZEIT

HALTBAR 2 WOCHEN (EINGEFROREN 12 MONATE)

ZUTATEN

3 kg reife, aber feste mittelgroße Tomaten

2–3 TL Meersalz

1 Die Tomaten halbieren, runde Früchte waagrecht, eierförmige senkrecht. Jede Hälfte in der Mitte kreuzförmig einschneiden und mit den Fingerspitzen von unten hochdrücken, damit mehr Fruchtfleisch freigelegt wird.

2 Die Tomaten, Schnittflächen nach oben, nebeneinander auf Gitter, die auf Bleche gesetzt wurden, legen und dünn mit Salz bestreuen. Einige Minuten stehen lassen, damit sie Wasser zu ziehen beginnen, dann umgedreht hinlegen, ohne dass sie sich berühren.

3 Die Tomaten in den 60–80 °C heißen Backofen schieben und 8–12 Stunden trocknen. (Bei einem Elektroherd die Tür mit einem Spieß leicht geöffnet halten, damit die Luft zirkuliert.) Die Tomaten sind fertig, wenn sie um die Hälfte geschrumpft, aber noch weich sind. Herausnehmen und auf den Gittern abkühlen lassen.

SONNENGETROCKNETE TOMATEN

In den Mittelmeerländern ist es üblich, Tomaten im Freien in der Sonne zu trocknen, und aufgrund ihres hohen Zucker- und Säuregehalts ist dies völlig ungefährlich. Am besten geeignet sind heiße (32 °C), trockene, windige Tage. Die Früchte vorbereiten wie beschrieben, aber zum Schutz vor Insekten mit Musselin abdecken. Die Bleche möglichst weit vom Boden entfernt so platzieren, dass ungehindert Luft um sie zirkulieren kann, und nachts ins Haus holen. Je nach Wetterbedingungen dauert das Trocknen zwei bis vier Tage.

4 Die abgekühlten Tomaten in sterilisierte Gläser füllen und in den Kühlschrank stellen. Für eine längere Aufbewahrung auf Blechen offen einfrieren, dann in Gefrierbeutel füllen. Nach dem Auftauen mit Olivenöl bedeckt in den Kühlschrank stellen und innerhalb einer Woche verbrauchen.

Einfrieren ist oft die bequemste Methode, um Lebensmittel zu konservieren. Temperaturen unter -18 °C verlangsamen Lebensprozesse auf ein Minimum und lassen Gemüse, Obst und Kräuter beinahe so frisch bleiben wie am Tage ihrer Ernte. Um dem Verlust von Qualität und Geschmack vorzubeugen, werden die meisten Grundprodukte vor dem Einfrieren am besten kurz blanchiert oder mit Zucker bestreut. Zum Einfrieren eignen sich aber auch fertig zubereitete Speisen, ebenso wie Marmelade und Pickles. Alle tiefgekühlten Lebensmittel müssen sorgfältig verpackt und vor Ablauf des Haltbarkeitsdatums verbraucht werden.

Die besten ...
Gemüse zum Einfrieren

Je weniger Wasser ein Gemüse enthält, desto besser kann es eingefroren werden. In der Regel blanchiert man es zuvor, doch auch vollständig gegartes Gemüse lässt sich gut tiefkühlen.

Spargel
Spargel aus der Region oder dem eigenen Garten ist importierter Ware weit überlegen. Vor dem Einfrieren auf einer Grillplatte garen, damit er zart und aromatisch bleibt.

Stangenbohnen
Zarte Bohnen werden geschnitten, blanchiert und offen eingefroren, sie eignen sich aber auch für leckere Tiefkühlpickles. Ausgereifte Bohnen zunächst in einer Tomatensauce garen.

Erbsen
Süße, frisch enthülste Erbsen aus dem Garten eignen sich perfekt zum Einfrieren. Sie sollten zart, ihre Schoten aber voll ausgebildet sein. Vor dem Einfrieren kurz blanchieren.

Buschbohnen
Buschbohnen sind leicht zu ziehen und tragen den ganzen Sommer. Zarte Bohnen blanchieren und offen einfrieren (s. S. 42–43), ausgereifte zunächst in einer Tomatensauce garen.

Spinat
Spinat lässt sich gut einfrieren und braucht wenig Platz. Kurz blanchieren, dann behutsam ausdrücken. Auf die gleiche Weise wird Mangold vorbereitet.

KRÄUTER UND BLÜTEN

Kräuter wie Basilikum, Dill, Estragon, Fenchel, Kerbel, Koriander, Minze, Oregano, Petersilie und Zitronenverbene lassen sich gut einfrieren. Sie werden gehackt und mit Wasser in Eiswürfelschalen gefüllt (s. S. 64–65), desgleichen Rosenblütenblätter, Veilchen-, Jasmin- und Borretschblüten.

Borretsch

Estragon

Möhren
Alle Sorten können in Scheiben geschnitten und blanchiert oder fertig gegart eingefroren werden. Gut auch mit anderen Wurzelgemüsen püriert und tiefgekühlt.

WEITERE GEMÜSE

Artischocken (Böden) gegart
Auberginen gegrillt
Blumenkohl Tiefkühlpickles
Brokkoli blanchiert
Gemüsefenchel gegart
Gurken Tiefkühlpickles
Knackerbsen blanchiert
Knollensellerie gegrillt
Kopfkohl Tiefkühlpickles
Kürbis gegart
Lauch gegart
Mangold blanchiert
Paprikaschoten gegrillt, Tiefkühlpickles
Pastinaken gegartes Püree
Pilze gegart
Rosenkohl blanchiert
Steckrüben gegartes Püree
Süßkartoffeln gegrillt, gegartes Püree
Topinambur gegartes Püree
Weiße Rüben gegartes Püree
Zucchini gegrillt
Zuckerschoten blanchiert

Dicke Bohnen
Sie haben von Mai bis Juli Saison und lassen sich problemlos tiefkühlen. Zarte Kerne blanchieren und offen einfrieren, dickere Kerne besser zunächst zu Püree verarbeiten.

Romanesco
Dieses köstliche Gemüse vereint die Vorzüge von Blumenkohl und Brokkoli (und schmeckt wie eine Mischung aus beiden). Am besten ist er im Spätsommer und Frühherbst. In Röschen geteilt blanchieren und einfrieren.

Tomaten
Rohe Tomaten eignen sich nicht zum Einfrieren (sie werden breiig), als Sauce oder Suppe sind sie im Gefriergerät aber ein Geschenk des Himmels.

Mais
Mais lässt sich extrem gut einfrieren, sowohl ganze Kolben als auch blanchierte Körner. Saison hat Mais gegen Ende des Sommers. Kolben mit seidig-braunen »Fäden« und süßen, milchigen Körnern auswählen.

Die besten ...
Früchte zum Einfrieren

Eine Kühltruhe ist der beste Ort für Ernteüberschüsse. Schlehen (für Likör), Quitten (für Fruchtpaste) und Brombeeren (für Konfitüre) können ganz eingefroren werden, andere Früchte zuerst vorbereiten (s. S. 46).

Brombeeren
Gartenbrombeeren und wilde Brombeeren reifen im Herbst. Früchte waschen und offen einfrieren oder zu Konfitüre verarbeiten. Keine Beeren vom Straßenrand verwenden.

Cranberrys
Diese amerikanische Feuchtgebietsfrucht ist frisch von Oktober bis Dezember erhältlich und wird am besten offen eingefroren. Vor der Verwendung nicht auftauen.

Aprikosen
In Sirup gegart oder pochiert oder gegart und püriert gehören Aprikosen zu den besten Früchten zum Einfrieren. Reife Aprikosen mit festem Fleisch bevorzugen.

Rhabarber
Zarte Stiele auswählen und am besten in Sirup pochiert oder gegart und püriert einfrieren. Man kann die Stängel auch in Scheiben schneiden und offen einfrieren, aber darunter leidet die Konsistenz.

DIE BESTEN FRÜCHTE ZUM EINFRIEREN 41

Schwarze Johannisbeeren
Hochsommerfrüchte mit reichlich Vitamin C und Antioxidantien. Sie lassen sich ausgezeichnet offen einfrieren (Beeren vorher von den Stielen streifen).

Himbeeren
Zarte Sommerfrüchte, die behutsamer Behandlung bedürfen. Sofort nach der Ernte offen einfrieren (schadhafte Früchte aussortieren) oder für Tiefkühlmarmelade und ungegarte Pürees verwenden.

Heidelbeeren
Ungemein gesunde Sommerfrüchte, die offen eingefroren (s. S. 46–47) und gut zu Tiefkühlmarmelade verarbeitet werden können. Reife Beeren sind blaugrau überhaucht.

Loganbeeren
Recht unempfindliche Kreuzung aus Brombeere und Himbeere. Makellose Früchte verwenden und offen einfrieren, in Sirup pochieren oder garen und pürieren.

Pflaumen
Alle Pflaumen lassen sich halbiert und entkernt gut offen einfrieren. Früchte für Marmelade oder Chutney werden ganz eingefroren. Man kann sie auch in Sirup pochieren und tiefkühlen.

Äpfel
Äpfel vor dem Einfrieren schälen, in Scheiben schneiden und in Zitronensaft wenden, damit sie sich nicht verfärben. Offen einfrieren, in Sirup pochieren oder garen und pürieren.

Pfirsiche
Reife, saftige, duftende Pfirsiche (Saison Juli bis September) wählen. Da sie ungegart sehr empfindlich sind, vor dem Einfrieren in Sirup pochieren oder zu Tiefkühlmarmelade verarbeiten.

WEITERE FRÜCHTE

Birnen Tiefkühlmarmelade, in Sirup gegart
Boysenbeeren offen einfrieren, Tiefkühlmarmelade
Erdbeeren Tiefkühlmarmelade, ungegart püriert
Feigen Tiefkühlmarmelade, in Sirup gegart
Kirschen Tiefkühlmarmelade, in Sirup gegart
Melonen Tiefkühlmarmelade
Nektarinen Tiefkühlmarmelade, ungegart püriert, in Sirup gegart
Quitten in Sirup gegart
Renekloden gegart und püriert, in Sirup gegart
Rote/Weiße Johannisbeeren ungegart püriert
Schlehen offen einfrieren
Stachelbeeren gegart und püriert, in Sirup gegart
Zitrusfrüchte im Ganzen
Zwetschen gegart und püriert

Blanchierte Gemüse einfrieren

Das Blanchieren von Gemüse vor dem Einfrieren zerstört Enzyme, durch die im Gefriergerät Farbe, Konsistenz und Geschmack der Gemüse leiden würden. Zum Blanchieren und Einfrieren weiterer Gemüse siehe Tabelle S. 45.

Blanchierte Bohnen

ERGIBT ETWA 500 G
FERTIG IN 10–15 MINUTEN
HALTBAR 6–12 MONATE

ZUTATEN

etwa 500 g grüne Bohnen, geputzt

1 In einem großen Topf leicht gesalzenes Wasser zum Kochen bringen. Die Bohnen in kleinen Portionen garen: Bei hoher Temperatur eine Handvoll Bohnen in den Topf geben und das Wasser wieder zum Kochen bringen. Jede Portion 2–3 Minuten blanchieren.

2 Blanchierte Bohnen sofort in eine große Schüssel mit Einwasser heben, damit sie ihre Farbe behalten und der Garprozess beendet wird. Die Bohnen möglichst rasch abkühlen lassen.

3 Die Bohnen aus dem Eiswasser nehmen, abtropfen lassen und mit Küchenpapier trocken tupfen. Beiseitestellen, bis alle Bohnen blanchiert, abgetropft und trocken getupft sind.

4 Die Bohnen portionsweise in Gefrierbeutel oder -behälter füllen. Man kann sie auch auf Blechen offen einfrieren (s. S. 46–47) und in größere Gefrierbeutel füllen.

Lagerzeiten

Frieren Sie nur erstklassige frische Lebensmittel ein. Die hier angegebenen Zeiten sind maximale Lagerzeiten für Spitzenqualität.

Früchte

Obst wird am besten gezuckert eingefroren, so bleibt die Struktur besser erhalten. Steine ggf. entfernen, größere Früchte (außer Zitrusfrüchte) halbieren oder in Stücke schneiden. Helle Früchte in Zitronensaft wenden, damit sie sich nicht verfärben.

LAGERZEITEN FÜR TIEFGEKÜHLTES OBST					
FRUCHT	**ROH**			**GEGART**	
	Mit Zucker bestreut und offen auf Blechen eingefroren (s. S. 46–47) (Monate)	In Tiefkühlbehältern mit Zucker bedeckt eingefroren (Monate)	Püriert (s. S. 46) und in Tiefkühlbehältern eingefroren (Monate)	Blanchiert oder pochiert und mit Sirup bedeckt in Behältern eingefroren (Monate)	Püriert (s. S. 46) und in Behältern eingefroren (Monate)
Äpfel	9	9		9	9
Aprikosen	9	9	6	9	9
Birnen				9	9
Brombeeren	12	12	6	9	9
Cranberrys	12	12	6	9	9
Erdbeeren	9		6	9	9
Feigen	9	9	6	9	9
Heidelbeeren	12	12	6	9	9
Himbeeren	12	12	6	9	9
Johannisbeeren	12	12	6	9	9
Kirschen	6	6	6	9	9
Loganbeeren	12	12	6	9	9
Melonen	9	9	6	9	9
Nektarinen	9	9	6	9	9
Pfirsiche	9	9	6	9	9
Pflaumen (alle Arten)	9	9	6	9	9
Rhabarber	12	12		9	9
Stachelbeeren	12	12	6	9	9
Zitrusfrüchte	6				
Fruchtsaft und Sirup	in Tiefkühlbehälter gefüllt und eingefroren; 9 Monate haltbar				

Gemüse

Gemüse werden entweder blanchiert, dann abgekühlt, in Gefrierbehälter gepackt und eingefroren oder zunächst offen auf Blechen tiefgekühlt und anschließend in Gefrierbeutel gefüllt. Die Blanchierzeit gilt ab dem Punkt, an dem das Wasser wieder zum Kochen kommt. Wasserreiche Gemüse wie Auberginen, Zucchini, Pilze und Tomaten sollten vor dem Einfrieren vollständig gegart werden (s. S. 48–49). Tiefgekühlte Gemüse (außer Maiskolben) können noch gefroren gegart werden, gegarte Pürees taut man besser zuerst auf.

> **TIPPS**
>
> Für gute Resultate unbedingt die folgenden Regeln beachten:
>
> **Je schneller** Lebensmittel eingefroren werden, desto sicherer das Ergebnis.
>
> **Werden größere Mengen** eingefroren, benutzt man stets die Schnellgefrierfunktion.
>
> **Die angegebenen Zeiten** sind die maximalen Lagerzeiten bei -18 °C. Am besten verbraucht man die etikettierten Lebensmittel aber vor Ablauf dieser Zeit.
>
> **Tiefgekühlte Produkte** im Kühlschrank auftauen. Einmal aufgetaute Lebensmittel sollten auf keinen Fall wieder eingefroren werden.

LAGERZEITEN FÜR GEMÜSE

SORTE	VORBEREITUNG	FERTIG GEGART (Monate)	BLANCHIERT Blanchierzeit in Minuten	BLANCHIERT (Monate)
Artischocken (Böden)	ganz lassen	9	4	9
Artischocken (klein)	ganz lassen	6	3	9
Auberginen	schneiden, grillen	9		
Blumenkohlröschen	trennen	4	3	6
Brokkoliröschen	trennen	6	2	9
Buschbohnen	ganz lassen	6	2–3	9
Dicke Bohnen	enthülsen	9	2–3	9
Erbsen	enthülsen	9	1–2	12
Fenchel	schneiden	4	2	6
Knollensellerie	schneiden, grillen	9		
Kohl	schneiden	4	2	6
Kohlrabi	schneiden	6	2	6
Lauch	schneiden	6	2	6
Mais (ganze Kolben)		9	6	12
Mais (Körner)		9	2	12
Mangold (Blätter/Stiele)	hacken		1–2	9
Möhren	schneiden	9	2–3	9
Paprikaschoten	ganz lassen	9		
Pilze	schneiden	9		
Romanescoröschen	trennen	6	2	9
Rosenkohl	ganz lassen	6	3	9
Schwarzwurzeln	schälen, schneiden	9	2–3	9
Spargel	schälen	9	2–4	9
Spinat	waschen		1	9
Stangenbohnen	schneiden	6	2	9
Süßkartoffeln	schneiden, grillen	9		
Tomaten	hacken	9		
Zucchini	ganz lassen	9		
Zuckerschoten			1	9
Wurzelgemüsepüree	In Gefrierbehälter gefüllt 9 Monate haltbar			

Rohe Früchte einfrieren

Durch Einfrieren lassen sich Geschmack und Nährstoffe von frischem Obst perfekt bewahren. Die Kälte schädigt zwar die Zellwände, darunter leidet aber nur die Konsistenz der Früchte, nicht ihr köstlicher Geschmack.

Eingefrorene Heidelbeeren

ERGIBT 500 G
FERTIG IN 5 MINUTEN
HALTBAR 6–12 MONATE

ZUTATEN

500 g reife ganze Heidelbeeren

Zucker zum Bestreuen

PÜREES EINFRIEREN

Saftige Früchte wie etwa Erdbeeren, Himbeeren und Pfirsiche können roh mit etwas Zucker und Zitronensaft in der Küchenmaschine püriert und in Gefrierbehältern tiefgekühlt werden (am oberen Rand etwa 2 cm frei lassen, damit sich das Püree ausdehnen kann). Das aufgetaute Püree auf Eiscreme oder mit Joghurt und Sahne vermischt servieren. Ungegarte Fruchtpürees sind tiefgekühlt 6 Monate haltbar.
Überreife und beschädigte Früchte können gedämpft, im Backofen gegart oder mit weiteren Aromazutaten in Zuckersirup (s. S. 150) oder Sirup auf Weinbasis (s. S. 169) pochiert werden. Gegarte Früchte bis 2 cm unter den Rand in Gefrierbehälter füllen. Sie sind tiefgekühlt bis zu 9 Monate haltbar.

---

1 Überreife oder beschädigte Beeren aussortieren. Die übrigen nebeneinander auf Blechen verteilen und großzügig mit Zucker bestreuen. Die Bleche in das Gefriergerät stellen.

2 Sobald die Früchte gefroren sind (nach etwa 1 Stunde), die Beeren von den Blechen schaben und portionsweise in Gefrierbeutel füllen.

3 Die Beutel etikettieren und datieren, und die Beeren bis zur Verwendung im Gefriergerät lagern.

Gegarte Speisen einfrieren

Durch Einfrieren lässt sich gegartes Obst und Gemüse bequem konservieren. Vor allem für Auberginen und Tomaten, die sich roh schlecht einfrieren lassen, ist es zu empfehlen. Tomatensauce auf Vorrat braucht man immer.

Konzentrierte Tomatensauce

ERGIBT ETWA 1 L
FERTIG IN 60–75 MINUTEN
HALTBAR 12 MONATE

ZUTATEN

2,5–3 kg sehr reife Tomaten, grob gehackt

1 große Zwiebel, in Scheiben geschnitten

1 großer Stängel Petersilie, Basilikum und/oder Staudensellerieblätter

1 Lorbeerblatt

1 große Knoblauchzehe, geschält

1 Alle Zutaten in einen großen Topf mit schwerem Boden geben und zum Kochen bringen.

2 Den Topfinhalt bei schwacher Hitze etwa 1 Stunde köcheln lassen, bis er dicklich ist, dabei häufig umrühren. Die Sauce ist fertig, wenn keine sichtbare Flüssigkeit mehr vorhanden ist.

3 Lorbeerblatt und Knoblauch herausnehmen und die Sauce durch ein Passiergerät oder ein Sieb in eine Schüssel streichen, dabei die Rückstände sorgfältig ausdrücken. Die Sauce abkühlen lassen.

4 Die Sauce in kleine Tiefkühlbehälter füllen. Die Behälter verschließen, etikettieren und in das Gefriergerät stellen. Die Sauce vor der Verwendung auftauen.

Eine leckere Beilage zu gegrilltem Fisch, Hähnchen oder Steak. Außerdem kann man sie unter weiße Bohnen oder Kichererbsen gemischt mit Pesto servieren, gehackt zu Nudelgerichten geben oder für Lasagne verwenden.

Gegrillte mediterrane Gemüse

ERGIBT ETWA 1,4 KG
FERTIG IN 30–40 MINUTEN
HALTBAR 6 MONATE

ZUTATEN

2 kleine Auberginen, geputzt und längs in etwa 5 mm dicke Scheiben geschnitten

4 Zucchini, geputzt und längs in etwa 5 mm dicke Scheiben geschnitten

etwas Olivenöl

4 rote (oder orangefarbene und gelbe) Paprikaschoten, halbiert und nach Entfernen von Stielansatz, Samen und Scheidewänden in 6–8 Streifen geschnitten

1 Eine Grillpfanne erhitzen. Drei oder vier Bleche mit Backpapier auslegen. Auberginen- und Zucchinischeiben auf beiden Seiten mit Öl einpinseln. Die Paprikastreifen in ein flaches Gefäß legen, mit etwas Öl beträufeln und mit den Händen durchheben, um sie vollständig mit Öl zu überziehen.

2 Wenn die Grillpfanne sehr heiß ist, aber noch nicht raucht, eine Schicht Gemüse darin verteilen. Einen Pfannenwender fest auf das Gemüse drücken, bis es auf der Unterseite schöne Streifen hat. Umdrehen und weitere 2–3 Minuten garen, bis es dunkle Streifen hat und gerade weich ist. Bei Verwendung eines elektrischen Kontaktgrills den Deckel schließen und das Gemüse etwa 3 Minuten garen.

3 Gegartes Gemüse zum Abkühlen auf die vorbereiteten Bleche heben. Die Grillpfanne zwischen den einzelnen Portionen wieder heiß werden lassen.

4 Das erkaltete Gemüse auf den Blechen offen einfrieren, dann in Folienbeutel oder Tiefkühlbehälter füllen. Im Gefriergerät aufbewahren. Zur Verwendung das Gemüse gefroren auf einem eingeölten Blech und mit eingeölter Alufolie abgedeckt 30 Minuten erhitzen, bis es sehr heiß ist. Man kann das Gemüse auch in einem flachen Gefäß mit Deckel in der Mikrowelle erwärmen.

Wenn man im Winter eine schöne Alternative zu den gegrillten mediterranen Gemüsen sucht, sollte man zu Süßkartoffeln und Sellerie greifen. Die Kombination passt ausgezeichnet zu vielen Schmorgerichten und Braten.

Gegrillte Süßkartoffel- und Selleriescheiben

ERGIBT ETWA 1 KG
FERTIG IN 40–45 MINUTEN
HALTBAR 6 MONATE

ZUTATEN

2 kleine Sellerieknollen oder 1 große Sellerieknolle, kleine Knollen halbiert, große geviertelt, dann die Stücke in Scheiben geschnitten und diese rundum mit Sonnenblumenöl eingepinselt, damit sie sich nicht verfärben

2–3 mittelgroße Süßkartoffeln, geschält und in 5 mm dicke Scheiben geschnitten

frisch gemahlener schwarzer Pfeffer

etwas edelsüßes oder geräuchertes Paprikapulver (nach Belieben)

1 Sellerie- und Süßkartoffelscheiben beidseitig pfeffern und nach Belieben dünn mit Paprikapulver bestreuen. Eine Grillpfanne erhitzen. Zwei oder drei Bleche mit Backpapier auslegen. Das Gemüse rundum mit Öl einpinseln.

2 Wenn die Grillpfanne sehr heiß ist, aber noch nicht raucht, eine Schicht Gemüse darin verteilen. Einen Pfannenwender fest auf die Gemüsescheiben drücken, bis sie auf der Unterseite schöne braune Streifen haben. Die Scheiben wenden und weitere 2–3 Minuten garen, bis sie gerade weich sind und Streifen haben, aber nicht übergaren. Bei Verwendung eines Kontaktgrills den Deckel schließen und das Gemüse etwa 3 Minuten garen.

3 Gegarte Gemüse zum Abkühlen auf die vorbereiteten Bleche heben. Die Grillpfanne zwischen den einzelnen Portionen wieder erhitzen.

4 Das erkaltete Gemüse auf den Blechen offen einfrieren, dann in Tiefkühlbeutel oder -behälter füllen und in das Gefriergerät stellen. Zur Verwendung das Gemüse gefroren auf einem dünn eingeölten Blech und mit dünn eingeölter Alufolie abgedeckt 30 Minuten erhitzen, bis es sehr heiß ist. Man kann es auch in einem flachen Gefäß mit Deckel in der Mikrowelle erwärmen.

Dieses Püree eignet sich wunderbar zum Überbacken von Aufläufen oder als leckere Beilage zu Fleisch und Geflügel. Mit Brühe und frisch gehackten Kräutern hat man daraus im Handumdrehen eine gute Suppe gezaubert.

Püree von Wintergemüse

ERGIBT ETWA 1,8 KG
FERTIG IN 1 STUNDE 20 MINUTEN
HALTBAR 6 MONATE

ZUTATEN

1 Steckrübe

500 g Möhren

2 Süßkartoffeln

2 große Weiße Rüben oder 1 Sellerieknolle

1 große Prise Salz

60 g Butter

frisch gemahlener schwarzer Pfeffer

1 Das Gemüse schälen und in Stücke gleicher Größe oder dicke Scheiben schneiden.

2 Alle Gemüse mit einer großzügigen Prise Salz in einen großen Topf mit kaltem Wasser geben und das Wasser zum Kochen bringen. Die Hitze etwas reduzieren und das Gemüse mit halb aufgelegtem Deckel 20–25 Minuten köcheln lassen, bis es sehr weich ist. In ein Sieb abgießen und sorgfältig abtropfen lassen.

3 Das Gemüse durch eine Kartoffelpresse drücken, mit einem Stabmixer oder in einer Küchenmaschine pürieren oder mit einem Kartoffelstampfer sorgfältig zerdrücken.

4 Das Püree wieder in den Topf geben. Butter und reichlich Pfeffer hinzufügen und das Püree behutsam wieder erhitzen, dabei schlagen, bis es die gesamte Butter aufgenommen hat. Abkühlen lassen, dann in passenden Portionen in Gefrierbehälter oder -beutel füllen und diese verschließen und etikettieren. Das Püree vor dem Wiedererhitzen auftauen lassen.

Topinamburpüree

Topinambur eignet sich hervorragend für tiefgekühltes Püree. Es schmeckt wunderbar zu Braten und Wild, mit Eiern und Sahne verrührt und im Ofen gebacken oder zu einer Suppe verdünnt und mit gebratenen Speckwürfelchen bestreut.

ERGIBT ETWA 1 KG
FERTIG IN 40–55 MINUTEN
HALTBAR 6 MONATE

ZUTATEN

1 EL Zitronensaft

1 kg Topinambur

5 EL Sahne

50 g Butter

etwas Milch

Salz und frisch gemahlener schwarzer Pfeffer

frisch geriebene Muskatnuss

1 Den Zitronensaft in eine große Schüssel mit kaltem Wasser rühren. Den Topinambur möglichst dünn schälen (oder nur gründlich abbürsten – das Püree wird dann aber dunkler). Den Topinambur in Stücke gleicher Größe schneiden und sofort in das Zitronenwasser legen.

2 Die Stücke abtropfen lassen, in einen großen Topf geben und mit frischem Wasser bedecken. Das Wasser zum Kochen bringen, dann die Hitze reduzieren. Den Topinambur etwa 25 Minuten köcheln lassen, bis er sehr weich ist. Abtropfen lassen, wieder in den Topf geben und behutsam erhitzen, bis das Restwasser verdampft ist.

3 Das Gemüse durch eine Kartoffelpresse drücken, mit dem Stabmixer oder in einer Küchenmaschine pürieren oder mit einem Kartoffelstampfer sorgfältig zerdrücken. Sahne, Butter und Milch unterschlagen und das Püree mit Salz, Pfeffer und einer großzügigen Prise Muskatnuss abschmecken.

4 Das Püree abkühlen lassen, dann in passenden Portionen in Gefrierbehälter oder -beutel füllen. Verschließen, etikettieren und einfrieren. Vor dem Wiedererhitzen auftauen.

Tiefgekühlte Pickles

Eingelegtes Gemüse ist eine erfrischende Beilage, die man im Handumdrehen zubereitet hat. Die Gurken passen prima zu Sandwiches, schmecken aber auch zu Salaten, kaltem Fleisch, Käse oder gegrilltem Fisch.

Gurkenpickle

ERGIBT 350–450 G

FERTIG IN 15 MINUTEN PLUS WARTEZEIT

HALTBAR 6 MONATE

ZUTATEN

2 Salatgurken	
2 Schalotten	
½ grüne Paprikaschote (nach Belieben), von Stielansatz, Samen und Scheidewänden befreit	
1–2 TL Meersalz	
120 ml Apfelessig oder Weinessig	
30–60 g Zucker	
1 große Prise gemahlene Kurkuma und Sellerie- oder Dillsamen oder ½–1 TL Senfkörner	

1 Die Gurken in dünne Scheiben schneiden, die Schalotten in hauchdünne Ringe. Die Paprikaschote fein hacken.

2 Gemüse in eine große Schüssel geben, mit dem Salz bestreuen, durchheben und zum Entwässern 2 Stunden stehen lassen.

3 Das Gemüse in einen Durchschlag geben. Kalt abspülen und gut abtropfen lassen, dabei behutsam ausdrücken. In eine saubere, trockene Schüssel füllen.

4 Den Essig mit Zucker nach Geschmack verrühren, bis sich der Zucker aufgelöst hat, und über die Gemüse gießen. Die Mischung über Nacht kalt stellen.

5 Das Pickle portionsweise bis 1 cm unter den Rand in Gefrierbehälter füllen, verschließen, etikettieren und einfrieren. Zum Auftauen über Nacht in den Kühlschrank stellen. Gekühlt aufbewahren und innerhalb einer Woche verbrauchen.

Statt der herkömmlichen Stangenbohnen kann man auch breite Bohnen verwenden, die auf die gleiche Weise vorbereitet werden. Das Pickle vor Verwendung über Nacht im Kühlschrank auftauen lassen. Dort hält es sich bis zu einer Woche.

Süßsaures Tiefkühlpickle von Stangenbohnen

ERGIBT ETWA 600 G

FERTIG IN 10–20 MINUTEN PLUS WARTEZEIT

HALTBAR 6 MONATE

ZUTATEN

500 g Stangenbohnen

1 EL Meersalz

6 EL Reisessig

2 EL brauner Zucker

2 TL helle Sojasauce

½ TL gemahlener Piment

2,5 cm Ingwerwurzel, gerieben

1 Schalotte, fein gehackt

1 Handvoll Rosinen (etwa 50 g)

1 Die Bohnen von Fäden befreien und schräg in schmale Streifen schneiden. In einen auf eine Schüssel gesetzten Durchschlag geben, mit dem Salz bestreuen, gut durchheben und für 3 Stunden beiseitestellen.

2 Die Bohnen sorgfältig unter fließendem kaltem Wasser abspülen und dabei wenden, um das Salz zu entfernen. Gut abtropfen lassen und mit der Hand fest zusammendrücken, um überschüssiges Wasser auszupressen.

3 Essig, Zucker, Sojasauce, Piment und Ingwer in einer Schüssel vermischen und rühren, bis sich der Zucker aufgelöst hat. Bohnen, Schalotte und Rosinen hinzufügen und sorgfältig untermischen. Die Mischung zugedeckt über Nacht in den Kühlschrank stellen.

4 Am nächsten Tag die Mischung gut durchrühren und bis 1 cm unter den Rand in Gefrierbehälter füllen. Verschließen, etikettieren und vor der Verwendung mindestens drei Wochen tiefkühlen, damit sich die Aromen entfalten können.

Stangenbohnen
Die Bohnen verarbeiten, solange sie jung und zart sind. Später werden sie hart und entwickeln Fäden, die man abziehen muss.

Dieses herrlich knackige Pickle passt perfekt zu Käse, Sardellen, Räuchermakrele, Aufschnitt und selbst zu hart gekochten Eiern. Vor Verwendung über Nacht im Kühlschrank auftauen lassen. Dort hält es sich bis zu einer Woche.

Tiefkühlpickle von Blumenkohl und Paprikaschote

ERGIBT ETWA 750 G
FERTIG IN 15–20 MINUTEN, PLUS WARTEZEIT
HALTBAR 6 MONATE

ZUTATEN

¼ Salatgurke, gewürfelt

1 kleine rote Paprikaschote, nach Entfernen von Samen und Scheidewänden in Würfel geschnitten

4 Frühlingszwiebeln, geputzt und in 1 cm große Stücke geschnitten

½ kleiner Blumenkohl, in winzige Röschen geteilt

1 EL Meersalz

1 rote Chilischote, nach Entfernen von Samen und Scheidewänden in Scheiben geschnitten

6 EL Weißweinessig

2 EL flüssiger Honig

½ TL gemahlene Kurkuma

1 TL Kreuzkümmelsamen

1 Lorbeerblatt

1 Gurke, Paprikaschote, Frühlingszwiebeln und Blumenkohl in einen auf eine Schüssel gesetzten Durchschlag geben, mit dem Salz bestreuen, gut durchheben und für 3 Stunden beiseitestellen.

2 Das Gemüse unter fließendem kaltem Wasser sorgfältig abspülen und dabei wenden, um das Salz zu entfernen. Gut abtropfen lassen und mit der Hand fest zusammendrücken, um überschüssiges Wasser auszupressen. In eine Schüssel füllen.

3 Die restlichen Zutaten verrühren und über die Gemüse gießen. Die Zutaten sorgfältig vermischen und zugedeckt über Nacht in den Kühlschrank stellen.

4 Am nächsten Tag die Zutaten gut durchheben und nach Entfernen des Lorbeerblatts in Gefrierbehälter füllen. Verschließen und vor der Verwendung mindestens drei Wochen tiefkühlen, damit sich die Aromen entfalten können.

Tiefkühlmarmelade

Ohne Kochen eingefroren empfiehlt sie sich für alle, die fruchtige, zuckerarme Aufstriche bevorzugen. Ideal sind reife, saftige Früchte, vor allem solche, die säurearm sind und daher schlecht gelieren (s. S. 68–69).

Erdbeermarmelade

ERGIBT ETWA 600 G
FERTIG IN 15 MINUTEN, PLUS WARTEZEIT
HALTBAR 6 MONATE

ZUTATEN

500 g reife Erdbeeren mit Zimmertemperatur

1 EL Zitronensaft

1 EL Agar-Agar-Flocken oder 1 TL Agar-Agar-Pulver

60–120 g Zucker

1 Die Erdbeeren bei Bedarf kurz waschen, mit dem Zitronensaft in eine große Schüssel geben und mit der Rückseite einer Gabel grob zerdrücken, sodass kein glattes Püree entsteht, sondern noch Fruchtstücke vorhanden sind.

2 In einen kleinen Topf 250 ml Wasser geben. Das Agar-Agar hinzufügen und 2–3 Minuten quellen lassen. Den Topf schwenken und die Flüssigkeit bei schwacher Hitze ohne Rühren langsam zum Kochen bringen. 3–5 Minuten köcheln lassen, dabei gelegentlich umrühren.

3 Wenn sich das Agar-Agar aufgelöst hat, den Zucker hinzufügen und die Mischung ab und zu umrühren, bis auch er sich aufgelöst hat – dies dauert etwa 2–3 Minuten.

> **GELIERMITTEL**
>
> Hier wird Agar-Agar verwendet, ein gesundes, geschmackloses Geliermittel aus Algen, das in Supermärkten und Bioläden erhältlich ist. Es verleiht diesen Marmeladen geleeartige Konsistenz. Aufgetaut können sie auf Toast gestrichen, für Desserts verwendet oder in Joghurt gerührt werden.

4 Den heißen Sirup über die Früchte gießen und sorgfältig unterrühren (Sirupreste mit einem Gummispatel aus dem Topf schaben).

5 Die Marmelade bis 1 cm unter den Rand in Gefrierbehälter füllen, abkühlen lassen, verschließen und etikettieren. Über Nacht im Kühlschrank gelieren lassen und anschließend einfrieren.

6 Marmelade über Nacht im Kühlschrank auftauen lassen. Dort hält sie zwei Wochen.

Lebkuchengewürz verleiht dieser Marmelade weihnachtliches Flair. Sie schmeckt köstlich mit etwas Crème fraîche zu frisch gebackenen Muffins. Vor der Verwendung über Nacht im Kühlschrank auftauen lassen; bis zu zwei Wochen haltbar.

Tiefkühlmarmelade aus Birnen und Brombeeren

ERGIBT ETWA 750 G
FERTIG IN 15–20 MINUTEN PLUS WARTEZEIT
HALTBAR 6 MONATE

ZUTATEN

- 2 reife Birnen, geschält und nach Entfernen des Kerngehäuses grob gehackt
- 250 g reife Gartenbrombeeren
- 2 EL Zitronensaft
- 1 TL Lebkuchengewürz
- 1 EL Agar-Agar-Flocken oder 1 TL Agar-Agar-Pulver
- 140 g Zucker

1 Die Früchte rechtzeitig auf Zimmertemperatur bringen. Birnen und Brombeeren mit Zitronensaft und Lebkuchengewürz in eine Schüssel geben. Mit einem Kartoffelstampfer oder einer Gabel zerdrücken, aber kein glattes Püree herstellen. Es sollten noch Fruchtstücke vorhanden sein.

2 In einen kleinen Topf 200 ml Wasser füllen. Das Agar-Agar hineinstreuen und 2–3 Minuten quellen lassen. Den Topf behutsam schwenken und die Flüssigkeit bei schwacher Hitze ohne Rühren langsam zum Kochen bringen. 3–5 Minuten köcheln lassen, dabei gelegentlich umrühren, damit sich das Agar-Agar auflöst.

3 Den Zucker hinzufügen und bei schwacher Hitze 2–3 Minuten rühren, bis er sich aufgelöst hat. Den Topf von der Kochstelle nehmen.

4 Den heißen Sirup über die Früchte in der Schüssel gießen und dabei behutsam rühren, bis die Zutaten gut vermischt sind.

5 Die Marmelade bis 1 cm unter den Rand in Gefrierbehälter füllen, abkühlen lassen, verschließen und etikettieren. Über Nacht in den Kühlschrank stellen, damit die Marmelade geliert, dann einfrieren.

Diese Marmelade, die sich gut für Schwarzwälder Kirschtorte eignet, wird recht fest. Wer sie weicher mag, fügt zusätzlich 60 ml Wasser hinzu. Vor Verwendung über Nacht im Kühlschrank auftauen lassen. Dort hält sich die Marmelade bis zu zwei Wochen.

Tiefkühl-Kirschmarmelade

ERGIBT ETWA 700 G
FERTIG IN 20 MINUTEN, PLUS WARTEZEIT
HALTBAR 6 MONATE

ZUTATEN

500 g Kirschen

1 EL Zitronensaft

1 EL Agar-Agar-Flocken oder 1 TL Agar-Agar-Pulver

120 g Zucker

einige Tropfen Mandelextrakt

1 Die Früchte rechtzeitig auf Zimmertemperatur bringen. Die Kirschen halbieren, entsteinen und mit dem Zitronensaft in eine Schüssel geben. Mit einem Kartoffelstampfer oder einer Gabel grob zerdrücken, aber kein glattes Püree herstellen. Es sollten noch Fruchtstücke vorhanden sein.

2 In einen kleinen Topf 200 ml Wasser füllen. Das Agar Agar hineinstreuen und 2–3 Minuten quellen lassen. Den Topf behutsam schwenken und die Flüssigkeit bei schwacher Hitze ohne Rühren langsam zum Kochen bringen. 3–5 Minuten köcheln lassen, dabei gelegentlich umrühren, damit sich das Agar-Agar auflöst.

3 Den Zucker hinzufügen und bei schwacher Hitze 2–3 Minuten rühren, bis er sich aufgelöst hat. Den Topf von der Kochstelle nehmen und den Mandelextrakt hineinrühren.

4 Den heißen Sirup über die Kirschen in der Schüssel gießen und dabei behutsam rühren, bis die Zutaten gut vermischt sind.

5 Die Marmelade bis 1 cm unter den Rand in Gefrierbehälter füllen, abkühlen lassen, verschließen und etikettieren. Über Nacht in den Kühlschrank stellen, damit die Marmelade geliert, dann einfrieren.

Kirschen
Für dieses Rezept eignet sich jede aromatische Süßkirsche wie etwa 'Burlat', 'Hedelfinger Riesen' oder 'Sunburst'.

Daraus lässt sich mit Naturjoghurt und Müsli oder in Scheiben geschnittenen Pfirsichen im Handumdrehen ein gesundes Dessert zubereiten. Vor Verwendung über Nacht im Kühlschrank auftauen lassen, wo die Marmelade bis zu zwei Wochen hält.

Tiekühlmarmelade von Heidelbeeren und Himbeeren

ERGIBT ETWA 600 G

FERTIG IN 15 MINUTEN PLUS WARTEZEIT

HALTBAR 6 MONATE

ZUTATEN

250 g Heidelbeeren

250 g Himbeeren

2 TL Zitronensaft

1 EL Agar-Agar-Flocken oder 1 TL Agar-Agar-Pulver

120 g Zucker

1 Die Früchte rechtzeitig auf Zimmertemperatur bringen. Mit dem Zitronensaft in eine Schüssel geben und mit einem Kartoffelstampfer oder einer Gabel grob zerdrücken, aber kein glattes Püree herstellen. Es sollten noch Fruchtstücke vorhanden sein.

2 In einen kleinen Topf 200 ml Wasser geben. Das Agar-Agar hineinstreuen und 2–3 Minuten quellen lassen. Den Topf behutsam schwenken und die Flüssigkeit bei schwacher Hitze ohne Rühren langsam zum Kochen bringen. 3–5 Minuten köcheln lassen, dabei gelegentlich rühren, damit sich das Agar-Agar vollständig auflöst.

3 Den Zucker hinzufügen und bei schwacher Hitze 2–3 Minuten rühren, bis er sich aufgelöst hat. Den Topf von der Kochstelle nehmen.

4 Den heißen Sirup über die Früchte in der Schüssel gießen und dabei behutsam rühren, bis die Zutaten gut vermischt sind.

5 Die Marmelade bis 1 cm unter den Rand in Gefrierbehälter füllen, abkühlen lassen, verschließen und etikettieren. Über Nacht in den Kühlschrank stellen, damit die Marmelade geliert, dann einfrieren.

Kräuter einfrieren

Einfrieren ist die ideale Methode, um Küchenkräuter zu konservieren. Farbe, Aroma und ätherische Öle bleiben erhalten, und obwohl die Konsistenz etwas leidet, stehen sie beim Kochen frischen Kräutern kaum nach.

Basilikumwürfel

ERGIBT ETWA 20 EISWÜRFEL
FERTIG IN 5 MINUTEN
HALTBAR 6 MONATE

ZUTATEN

etwa 3 Bund Basilikum

AROMATISCHE KRÄUTERPASTEN

Dies ist eine wunderbare Methode, um Kräuter wie Basilikum, Petersilie und Koriander einzufrieren, da dabei das Aroma optimal erhalten bleibt. Man kann sie für Pesto, Soßen, Suppen und andere pikante Gerichte verwenden.

Die Blätter von den Stielen streifen und in einer Küchenmaschine fein hacken. So viel gutes Olivenöl unterrühren, dass eine dicke Paste entsteht. In kleine Gefrierbeutel füllen, etikettieren und einfrieren. Bis zu drei Monate haltbar.

1 Die Blätter von den Stielen streifen und fein hacken. Das kann man in einer Küchenmaschine oder mit einem Pürierstab erledigen, aber auch ein scharfes, schweres Messer leistet gute Dienste.

KRÄUTER EINFRIEREN 65

2 Die gehackten Kräuter in eine Eiswürfelform geben und die Mulden bis zum Rand mit Wasser füllen (jeweils etwa 1 Esslöffel). Die Kräuter einfrieren, dann in Gefrierbeutel füllen, etikettieren und tiefkühlen.

Konfitüre & Co sind einfach unwiderstehlich. Ob mit Früchten aus dem eigenen Garten, frisch vom Feld oder vom Wochenmarkt – sie bereiten das ganze Jahr hindurch kleine Gaumenfreuden. **Marmeladen** und **Konfitüren** schmecken nicht nur zum Frühstück köstlich, sondern können auch für Desserts und beim Backen verwendet werden. **Fruchtpasten** eignen sich gut als aromatische Zutat für Fleischgerichte und pikante Saucen oder als Beigabe zu Käse. Die Zubereitung all dieser Köstlichkeiten ist einfach und leicht zu erlernen.

Konfitüre & Co herstellen

Das Grundprinzip ist einfach: Man gart zunächst die Früchte, um das in ihnen enthaltene Pektin freizusetzen, dann kocht man sie mit Zucker, bis sie gelieren. Zucker, Pektin und Säure müssen dafür im richtigen Verhältnis stehen.

Pektin

Das Pektin in Früchten bewirkt im Zusammenspiel mit Zucker und Säure, dass Konfitüren und Marmeladen gelieren. Man teilt die Früchte in drei Gruppen ein:

Früchte mit hohem Pektingehalt gelieren leicht. Mitunter wird Wasser hinzugefügt, um den Pektinanteil zu senken.

Früchte mit mittlerem Pektingehalt gelieren zufriedenstellend. Der Pektingehalt kann aber schwanken und das Resultat ist vergleichsweise weich. Ein Pektintest (s. S. 70) zeigt, ob zusätzliches Pektin notwendig ist.

Früchte mit niedrigem Pektingehalt brauchen zusätzliches Pektin (s. S. 70–71) und Säure, um zu gelieren. Oft bringt auch eine Mischung aus pektinreichen und pektinarmen Früchten gute Ergebnisse. Auch Gelierzucker kann hilfreich sein.

Der Gehalt an Pektin (und Säure) variiert abhängig von Obstsorte, Jahreszeit, Saftigkeit und Reife. Man sollte feste, gerade reife, unbeschädigte und absolut frische Früchte verwenden. Beschädigte oder nasse Früchte können das Endprodukt schimmeln lassen, überreifen Früchten fehlt Pektin und Säure. Zitronensaft hilft, das Pektin in Früchten freizusetzen. Früchten mit festem Fleisch, dicker Haut und hohem Pektingehalt wird Wasser hinzugefügt.

Säure

Früchte enthalten auch Säure, die hilft, das Pektin freizusetzen.

Ist der Säuregehalt gering, hilft zusätzliche Säure beim Gelieren, am besten in Form von Zitronensaft, Zitronensäure oder Weinsäure (aus der Apotheke). Als Faustregel gilt: Pro Kilogramm Obst 2 Esslöffel Zitronensaft oder ½ Teelöffel Zitronensäure bzw. Weinsäure in 4 Esslöffeln Wasser aufgelöst verwenden. Säure verbessert auch Farbe und Geschmack der Konfitüre und verhindert die Bildung von Zuckerkristallen.

Zucker

Zucker spielt eine wichtige Rolle beim Gelieren, und je mehr Pektin vorhanden ist, desto mehr Zucker kann aufgenommen werden. Überdies verhindert der Zucker, dass sich das Pektin beim Kochen zersetzt. Da er aber die Haut oder Schale von Früchten fest werden lässt, fügt man ihn erst hinzu, wenn sie weich sind. Gleiche

KONFITÜRE & CO HERSTELLEN

Teile Zucker und Früchte (bei sauren oder pektinreichen Früchten auch mehr Zucker) sorgen für lange Haltbarkeit, reduziert man die Zuckermenge um 25 Prozent, wird das Resultat frischer und fruchtiger, bei der halben Zuckermenge besonders fruchtig, aber weniger lange haltbar.

EINE GELIERPROBE MACHEN

Im allgemeinen benötigen normale Marmeladen und Konfitüren zum Gelieren 5–20 Minuten, Gelees 5–15 Minuten, Zitrusmarmeladen 10–30 Minuten.

Aufkochen In Rezepten gibt die Gelierzeit (die ein ungefährer Wert ist), an, wie lange die Fruchtmasse kochen muss. Mit einer Gelierprobe (unten) beginnen, wenn die Masse 105 °C auf dem Zuckerthermometer anzeigt, an den Topfwänden dick wird und träge kocht und statt Schaum eher Blasen entstehen.

Tropfentest Etwas Fruchtmasse in eine kalte Schüssel geben und mit einem Holzlöffel eine kleine Menge aufnehmen. Kurz abkühlen lassen, dann den Löffel kippen. Fällt die Masse in einem Tropfen herunter, ist sie geliert. Vor einer Gelierprobe den Topf von der Kochstelle nehmen.

Kräuseltest Stellen Sie einige kleine Teller kalt, bevor Sie den Marmeladentopf aufsetzen. 1 TL kochende Masse auf einen kalten Teller geben, abkühlen lassen und mit dem Finger zusammenschieben. Kräuselt sich die Masse leicht, ist sie geliert. Vor der Gelierprobe den Topf von der Kochstelle nehmen.

PEKTIN- UND SÄUREGHALT VON FRÜCHTEN

Diese Übersicht enthält nur Obst, da in den meisten Gemüsen kaum Pektin und Säure vorhanden sind.

FRUCHT	PEKTIN-GEHALT	SÄURE
Cranberrys (unreif)	hoch	mittel
Holzäpfel	hoch	hoch
Johannisbeeren, schwarz	hoch	hoch
Johannisbeeren, rot/weiß	hoch	hoch
Pflaumen (unreif)	hoch	hoch
Quitten	hoch	hoch–mittel
Stachelbeeren	hoch	hoch
Zitrusfrüchte (Pektin findet sich in Schale und Trennhäuten)	hoch–mittel	hoch–mittel
Kochäpfel	hoch–mittel	hoch–mittel
Aprikosen	mittel	mittel
Cranberrys (reif)	mittel	mittel
Weintrauben (unreif) (Pektingehalt variabel)	mittel	mittel
Himbeeren	mittel	mittel
Loganbeeren	mittel	mittel
Mispeln	mittel	niedrig
Pflaumen (reif)	mittel	mittel
Schattenmorellen	mittel	mittel
Brombeeren	mittel-niedrig	niedrig
Heidelbeeren (Pektingehalt variabel)	mittel-niedrig	niedrig
Wilde Brombeeren	niedrig	niedrig
Birnen	niedrig	niedrig
Erdbeeren	niedrig	niedrig
Weintrauben (reif) (Pektingehalt variabel)	niedrig	niedrig
Feigen	niedrig	niedrig
Melonen	niedrig	niedrig
Nektarinen	niedrig	niedrig
Pfirsiche	niedrig	niedrig
Rhabarber	niedrig	hoch
Süßkirschen	niedrig	niedrig

Pektin herstellen

Pektin ist bei der Verarbeitung von Früchten mit mittlerem oder geringem Pektingehalt (s. S. 68–69) ein Erfolgsgarant. Man kann es in Pulverform kaufen, es lässt sich aber auch ganz einfach aus Kochäpfeln selbst herstellen.

Apfelpektin

ERGIBT ETWA 500 ML

FERTIG IN 45–55 MINUTEN

HALTBAR GEKÜHLT 1–2 WOCHEN (EINGEFROREN 2 MONATE)

ZUTATEN

1 kg saure Kochäpfel (Fallobst ist geeignet, wenn schadhafte Stellen ausgeschnitten werden), gehackt

---

PEKTINTEST

Mit diesem Test kann man prüfen, ob Pektinsaft (oder Früchte) genügend Pektin zum Gelieren enthalten:
1 TL Saft (oder gegarte Früchte) in ein kleines Gefäß geben, nach dem Abkühlen mit 1 EL Brennspiritus vermischen und 1 Minute stehen lassen.
Hoher Gehalt: Die Mischung bildet einen gallertartigen Klumpen.
Mittlerer Gehalt: Es bilden sich zwei oder drei weiche Klumpen. Saft (oder Früchte) noch etwas einkochen lassen und wieder testen.
Niedriger Gehalt: Es entstehen viele kleine Kugeln. Saft weiter einkochen lassen und erneut testen.
Die Probe wegwerfen, da Brennspiritus giftig ist.

1 Die Äpfel in einem großen Topf gerade mit Wasser bedecken. Mit aufgelegtem Deckel zum Kochen bringen und 20 Minuten köcheln lassen, bis sie weich sind.

2 Die Äpfel in ein mit einem Seihtuch ausgelegtes großes Sieb oder in einen Saftbeutel geben. Den Saft abtropfen lassen und in einer Schüssel auffangen.

3 Den Saft in einen sauberen Topf gießen und köcheln lassen, bis er um die Hälfte eingekocht ist. Die Pektinkonzentration prüfen (siehe Kasten links).

4 In kleine Gefrierbehälter gießen (meist reichen 150 ml hoch konzentriertes Pektin für 2 kg Marmelade aus Früchten mit mittlerem oder niedrigem Pektingehalt).

5 Abkühlen lassen, verschließen und etikettieren und bis zur Verwendung kalt stellen oder einfrieren.

Die besten ...
Früchte für Marmelade

Beerenobst

Diese Früchte sind Klassiker bei der Marmeladenherstellung, da sie meist eine dünne Haut haben, saftreich sind und in wenig Wasser rasch weich werden. Die Marmelade wird dadurch herrlich fruchtig.

Boysenbeeren
Große, saftige, aromareiche Kreuzung aus Brombeere und Himbeere, die sowohl für sich verwendet als auch in Beerenmischungen hervorragend schmeckt. Erntezeit ist Ende Juli bis Ende August. Direkt nach dem Pflücken verarbeiten.

Taybeeren
Kreuzung ähnlich der Loganbeere, die Früchte sind jedoch größer und süßer. Erntezeit ist Juli bis Anfang August. An einem trockenen Tag ernten und sofort verarbeiten.

Himbeeren
Sie ergeben wunderbare Marmelade (s. S. 76–77). Rote wie gelbe Sorten haben einen mittleren Pektingehalt und gelieren meist leicht (wenn der Sommer feucht ist, sind sie oft pektinärmer). Nach der Ernte möglichst rasch verwenden.

Loganbeeren
Süßsäuerliche Früchte, von Juli bis September im Angebot. Meist gelieren sie gut und können mit anderen Beeren kombiniert werden. Das weiße Innere entfernen.

> **LAGERUNG VON MARMELADE**
>
> Die Zuckermenge ist nicht nur Geschmacksfrage, sie bestimmt auch, wie lange Marmelade hält. Sehr süße Marmelade (aus gleichen Teilen Zucker und Früchten) kann zwölf Monate gelagert werden. Marmelade mit einem Viertel weniger Zucker ist sechs Monate lagerfähig. Wird nur die halbe Zuckermenge verwendet, sollte die Marmelade im Kühlschrank aufbewahrt und innerhalb von einem Monat verbraucht werden.

DIE BESTEN FRÜCHTE FÜR MARMELADE

Erdbeeren
Dieser Inbegriff einer Marmeladenfrucht enthält geringe (und variable) Mengen Pektin und braucht zum Gelieren Zugaben von Pektin und Säure (s. S. 88–89). An trockenen Tagen ernten und unverzüglich verarbeiten.

Brombeeren
Gartenbrombeeren haben einen niedrigen bis mittleren Pektingehalt, wilde Brombeeren einen niedrigen. Mit Äpfeln zu einer klassischen Herbstmarmelade oder mit anderen Beeren kombinieren.

Rote Johannisbeeren
Pektinreiche Beeren mit einem reinen Fruchtaroma. Besonders wertvoll für Mehrfruchtmarmeladen mit Beeren, die einen geringeren Pektingehalt haben.

Heidelbeeren
Bei diesen Beeren schwankt der Pektingehalt stärker als bei den meisten Früchten und ist niedrig bis mittelhoch. Sie werden oft mit anderen Früchten kombiniert.

Cranberrys
Der Pektingehalt von Cranberrys kann je nach Reifegrad schwanken. Frische Beeren haben meist mehr Pektin als gefrorene. In Marmeladen harmonieren sie gut mit Äpfeln und Orangen.

Schwarze Johannisbeeren
Die Kultur von Schwarzen Johannisbeeren ist einfach, und selbst wenn sie sehr reif sind, ergeben sie eine der besten, fruchtigsten Marmeladen.

Steinobst und Kernobst

Marmeladen mit großer Aromenvielfalt verdanken wir diesen Früchten – seien es die Pflaumen aus dem eigenen Garten oder Feigen aus dem Süden. Zum Garen brauchen sie mehr Wasser als Beeren.

Aprikosen
Fantastisches Obst für Marmelade. Der Pektin- und Säuregehalt kann allerdings variieren, sodass das Ergebnis nicht immer gleich fest wird.

Renekloden
Diese köstlichen Früchte aus der Pflaumenfamilie sind im August nur für kurze Zeit erhältlich und haben einen mittleren Pektingehalt. Unreife (grüne) Früchte enthalten das meiste Pektin.

Feigen
Sie enthalten wenig Pektin und Säure, ergeben aber aufgrund ihrer Konsistenz dennoch eine dickliche Marmelade, die besonders gut zu Frischkäse passt.

Pflaumen
Unreife Pflaumen und Sorten wie 'The Czar' sind pektinreich. Reife Pflaumen und Tafelpflaumen wie Früchte mit mittlerem Pektingehalt behandeln.

Zwetschen
Für Marmeladen, die es in sich haben, sind Zwetschen mit ihrer Säure und ihrem einzigartig vollen Geschmack ideal. Da die Früchte reich an Pektin sind, geliert die Marmelade zuverlässig.

DIE BESTEN FRÜCHTE FÜR MARMELADE

Birnen
Damit Marmelade aus Birnen gut geliert, kombiniert man diese pektin- und säurearmen Früchte gern mit Äpfeln oder aber mit Zitronen oder Limetten, die Säure und Aroma beisteuern.

> **WEITERE FRÜCHTE**
>
> Äpfel
> Maulbeeren
> Melonen
> Quitten
> Rhabarber
> Stachelbeeren
> Weintrauben

Nektarinen
Pektin- und säurearme Früchte, deren Fruchtfleisch fast auf der Zunge zergeht. Wie Pfirsiche ergeben sie edle Marmeladen. Mit Roten Johannisbeeren kombiniert gelieren sie gut.

Pfirsiche
Die pektinreichen Roten und Weißen Johannisbeeren sind gute Partner für Pfirsiche, die wenig Pektin und Säure besitzen. Duftende, voll ausgereifte Früchte bringen den Sommer ins Glas.

> **GEMÜSE**
>
> Obwohl als Grundstoff für Konfitüre & Co wenig genutzt, lassen sich aus manchen Gemüsen ungewöhnliche Marmeladen zubereiten. Da sie kein oder nur wenig Pektin enthalten, gelieren sie nicht, doch aufgrund ihrer Beschaffenheit verleihen sie der Marmelade eine streichfähige Konsistenz. Je nach Sorte können die Gemüse auch in Kombination mit Äpfeln, Pektin oder Gelierzucker verwendet werden. Für Marmeladen geeignet sind Möhren, Auberginen, Kürbisse, rote Paprikaschoten und Tomaten.

Kirschen
Sowohl Süßkirschen (pektin- und säurearm) wie auch Sauerkirschen mit mittlerem Pektin- und Säuregehalt ergeben hervorragende Marmelade. Süßkirschen benötigen zusätzliches Pektin.

Möhren
Sie enthalten mehr Pektin als die meisten anderen Gemüse. Ideal für Marmelade sind sie zudem wegen ihrer natürlichen Süße, der kräftigen Farbe und der streichfähigen Konsistenz.

Marmelade herstellen

Die Zubereitung von Marmelade ist einfach: Obst wird mit Zucker bei starker Hitze gekocht, bis die Gelierung eintritt. Nach dem Öffnen im Kühlschrank aufbewahren und innerhalb von drei bis vier Wochen verbrauchen.

Himbeermarmelade

ERGIBT ETWA 900 G (4 KLEINE GLÄSER)

FERTIG IN 25–30 MINUTEN

HALTBAR 6 MONATE

ZUTATEN

650 g Himbeeren

Saft von ½ Zitrone

500 g Zucker

TIPPS

Marmelade geliert, wenn der Zucker 105 °C heiß ist. Mit etwas Erfahrung erkennt man den richtigen Zeitpunkt daran, wie die Marmelade kocht: Wenn sie sprudelnd zu kochen beginnt, steigt sie im Topf nach oben und schäumt. Werden die Bläschen groß und platzen, ist es Zeit für eine Gelierprobe (s .S. 69).

Geliert Marmelade nicht, hat sie entweder noch nicht lange genug gekocht oder enthält zu wenig Pektin (s. S. 68–69); mit etwas Pektin kurz aufkochen.

Um Schimmel zu verhindern, die Gläser sorgfältig sterilisieren, nach dem Füllen sofort verschließen und an einen trockenen Platz stellen.

Wenn Marmelade gärt, waren die Früchte überreif oder wurden nicht lange genug gekocht, es wurde zu wenig Zucker verwendet oder die Gläser waren nicht richtig verschlossen.

1 Einen kleinen Teller kalt stellen. Die vorbereiteten Früchte in einen großen Topf mit schwerem Boden geben. Den Zitronensaft und 150 ml Wasser hinzufügen.

2 Die Beeren 3–5 Minuten köcheln lassen, damit sie weich werden und Saft ziehen. Bei schwacher Hitze den Zucker unterrühren, bis er sich aufgelöst hat.

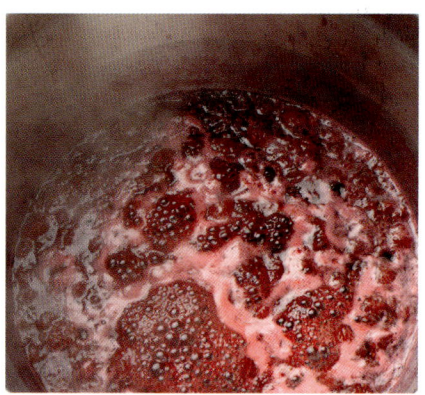

3 Aufwallen lassen und 5–10 Minuten kochen, bis die Marmelade geliert. Vom Herd nehmen und auf dem Teller eine Gelierprobe machen (s. S. 69).

4 Schaum von der Oberfläche abschöpfen. Die fertige Marmelade mit einem sterilisierten Trichter fast bis zum Rand in frisch sterilisierte Gläser füllen (s. S. 18).

5 Kreise aus Wachspapier auf die Oberfläche legen, um sie wasser- und aromadicht abzuschließen. Die Gläser mit Zellophan und Gummiringen oder mit Metalldeckeln verschließen. Bei Twist-off-Gläsern (s. S. 16) wird kein Wachspapier benötigt: Das bis zum Rand gefüllte Glas sofort umdrehen und 5 Minuten auf dem Deckel stehen lassen.

Mehrfruchtmarmelade

Diese Marmelade kann aus einer beliebigen Mischung saftiger Sommerfrüchte hergestellt werden, die gerade Saison haben, wie Brombeeren, Schwarze und Rote Johannisbeeren oder Kirschen. Lediglich die Gesamtmenge muss eingehalten werden.

Mehrfruchtmarmelade

ERGIBT ETWA 750 G (3 KLEINE GLÄSER)

FERTIG IN 20 MINUTEN

HALTBAR 6–9 MONATE

ZUTATEN

500 g Himbeeren, Erdbeeren und Heidelbeeren, geputzt

500 g Zucker

Saft von 2 Zitronen

1 Die Früchte in einen großen Topf mit schwerem Boden geben und mit dem Rücken eines Kochlöffels leicht zerdrücken.

2 Den Zucker hinzufügen und die Mischung unter Rühren sanft erhitzen, bis sich der Zucker vollständig aufgelöst hat. Die Temperatur erhöhen und die Mischung zum Aufwallen bringen. Die Marmelade 5–10 Minuten sprudelnd kochen, bis sie den Gelierpunkt erreicht. Vom Herd nehmen und eine Gelierprobe machen (s. S. 69).

3 Schaum von der Oberfläche abschöpfen. Die Marmelade etwas abkühlen lassen, sodass sie zu gelieren beginnt und die Beeren sich beim Einfüllen gleichmäßig verteilen. In noch warme sterilisierte Gläser füllen und mit Kreisen aus Wachspapier abdecken. Die Gläser verschließen, etikettieren und an einen kühlen, dunklen Platz stellen. Nach dem Öffnen im Kühlschrank aufbewahren.

KONFITÜRE & CO

Heidelbeeren sind herb im Geschmack und besonders reich an Antioxidantien. Da sie wenig Pektin und Säure enthalten, bleibt Heidelbeermarmelade recht weich. Sie schmeckt in Pfannkuchen und auf Waffeln, zu Joghurt oder Frischkäse.

Heidelbeermarmelade

ERGIBT ETWA 1 KG (4 KLEINE GLÄSER)

FERTIG IN 40 MINUTEN

HALTBAR 6–9 MONATE

ZUTATEN

900 g Heidelbeeren

Saft von 2 Zitronen

675 g Zucker

1 Heidelbeeren, 150 ml Wasser und Zitronensaft in einen großen Topf mit schwerem Boden geben und zum Köcheln bringen. 10–15 Minuten köcheln lassen, damit die Früchte garen und das Pektin freigesetzt wird.

2 Den Zucker hinzufügen und rühren, bis er sich aufgelöst hat. Die Temperatur erhöhen und die Mischung zum Aufwallen bringen. 10–12 Minuten sprudelnd kochen, bis sie den Gelierpunkt erreicht hat. Den Topf vom Herd nehmen und eine Gelierprobe machen (s. S. 69).

3 Schaum von der Oberfläche abschöpfen. Die Marmelade etwas abkühlen lassen, dann in noch warme sterilisierte Gläser füllen und mit Kreisen aus Wachspapier abdecken. Die Gläser verschließen, etikettieren und an einen kühlen, dunklen Platz stellen. Nach dem Öffnen im Kühlschrank aufbewahren.

Heidelbeeren
Da die Haut dieser saftigen kleinen Beeren dünn ist, muss den Früchten beim Erhitzen nur wenig Wasser hinzugefügt werden.

Bei Schwarzen Johannisbeeren ist es wichtig, sie erst in Wasser köcheln zu lassen, damit ihre Haut weich wird. Da diese Früchte viel Pektin und Säure enthalten, lässt sich aus ihnen leicht Marmelade herstellen. Ihr fruchtiger Geschmack ist einzigartig.

Johannisbeermarmelade

ERGIBT ETWA 750 G (3 KLEINE GLÄSER)

FERTIG IN 45 MINUTEN

HALTBAR 6–9 MONATE

ZUTATEN

500 g Schwarze Johannisbeeren

675 g Zucker

Saft von 1 Zitrone

1 Die Früchte mit 500 ml Wasser in einen großen Topf mit schwerem Boden geben und 15–20 Minuten köcheln lassen.

2 Zucker und Zitronensaft hinzufügen und rühren, bis sich der Zucker aufgelöst hat. Die Temperatur erhöhen und die Mischung etwa 10 Minuten sprudelnd kochen lassen, bis der Gelierpunkt erreicht ist. Den Topf vom Herd nehmen und eine Gelierprobe machen (s. S. 69).

3 Schaum von der Oberfläche abschöpfen. Die Marmelade etwas abkühlen lassen, dann in noch warme sterilisierte Gläser füllen und mit Kreisen aus Wachspapier abdecken. Die Gläser verschließen, etikettieren und an einen kühlen, dunklen Platz stellen. Nach dem Öffnen im Kühlschrank aufbewahren.

Schwarze Johannisbeeren
Diese Beeren sind so pektinreich, dass man ihnen erst am Ende der Garzeit Zitronensaft hinzufügen muss, um ihr fantastisches Aroma zu unterstützen.

Genießen Sie diese herrliche Marmelade mit feinem Birnenaroma auf frischem, gebuttertem Brot. Da die Früchte wenig Pektin enthalten, muss man bei der Herstellung etwas zufügen oder Gelierzucker verwenden, damit die Marmelade fest wird.

Birnenmarmelade

ERGIBT ETWA 1 KG (4 KLEINE GLÄSER)

FERTIG IN 1 STUNDE

HALTBAR 9 MONATE

ZUTATEN

1 kg gerade reife Birnen, geschält und nach Entfernen des Kerngehäuses in 2,5 cm große Stücke geschnitten

Saft von 2 Zitronen

Saft von 1 Orange

600 g Zucker und 5–6 EL stark konzentriertes Pektin (s. S. 70–71) oder 600 g Gelierzucker (nach Packungsanweisung verwenden)

1 Die Birnen mit Zitronen- und Orangensaft in einen großen Topf mit schwerem Boden geben und 10 Minuten sanft garen.

2 Den Zucker und das Pektin hinzufügen und unter Rühren behutsam erhitzen, bis sich der Zucker aufgelöst hat. Die Temperatur erhöhen. Die Mischung aufwallen lassen und etwa 20 Minuten sprudelnd kochen, bis der Gelierpunkt erreicht ist. Den Topf vom Herd nehmen und eine Gelierprobe machen (s. S. 69).

3 Schaum von der Oberfläche abschöpfen. Da die Birnen noch stückig sein werden, die heiße Marmelade sehr vorsichtig in noch warme sterilisierte Gläser füllen und mit Kreisen aus Wachspapier abdecken. Die Gläser verschließen, etikettieren und an einen kühlen, dunklen Platz stellen. Nach dem Öffnen im Kühlschrank aufbewahren.

Für dieses Rezept verwendet man eine Mischung aus reifen und leicht unreifen Früchten. Wer anstelle von Pflaumen lieber Renekloden verwendet, benötigt nur 200 ml Wasser. Die Limette kann, falls gewünscht, durch eine Zitrone ersetzt werden.

Pflaumenmarmelade

ERGIBT ETWA 1,5 KG
(4 MITTELGROSSE GLÄSER)

FERTIG IN 45 MINUTEN

HALTBAR 9 MONATE

ZUTATEN

900 g Pflaumen

abgeriebene Schale und Saft von 1 unbehandelten Limette

900 g Zucker

1 Stückchen Butter

1 Die ganzen Pflaumen mit 300 ml Wasser in einen großen Topf mit schwerem Boden geben und langsam zum Kochen bringen. Die Hitze reduzieren und die Pflaumen je nach Reifegrad 20–30 Minuten köcheln lassen, bis sie zerfallen.

2 Limettenschale, Limettensaft und Zucker hinzufügen. Die Mischung behutsam erhitzen und rühren, bis sich der Zucker aufgelöst hat. Die Butter unterrühren. Den Topfinhalt zum Kochen bringen und etwa 10 Minuten sprudelnd kochen lassen, bis der Gelierpunkt erreicht ist. Den Topf vom Herd nehmen und eine Gelierprobe machen (s. S. 69).

3 Mit einem Schaumlöffel die Steine der Pflaumen herausheben und den Schaum von der Oberfläche abschöpfen. Die Marmelade in noch warme sterilisierte Gläser füllen und mit Kreisen aus Wachspapier abdecken. Die Gläser verschließen, etikettieren und an einen kühlen, dunklen Platz stellen. Nach dem Öffnen im Kühlschrank aufbewahren.

Durch die Zugabe von Portwein und Zimt entsteht eine ganz besondere Marmelade voller weihnachtlicher Aromen. Als Füllung für Gebäck, auf Früchtebrot gestrichen oder als kleines Präsent – dieses Wintervergnügen ist immer willkommen.

Pflaumenmarmelade mit Zimt und Portwein

ERGIBT ETWA 2 KG
(6 MITTELGROSSE GLÄSER)

FERTIG IN 45 MINUTEN

HALTBAR 9 MONATE

ZUTATEN

1,8 kg dunkle Pflaumen, halbiert und entsteint

1 Zimtstange, in zwei Teile gebrochen

Saft von 1 Limette

1,35 kg Zucker

2–3 EL Portwein (nach Geschmack)

1 Pflaumen, Zimt und Limettensaft mit 600 ml Wasser in einen großen Topf mit schwerem Boden geben.

2 Die Pflaumen bei schwacher Hitze 15–20 Minuten köcheln lassen, bis sie zerfallen.

3 Zucker hinzufügen und rühren, bis er sich aufgelöst hat. Zum Aufwallen bringen und 5–8 Minuten sprudelnd kochen lassen, bis der Gelierpunkt erreicht ist. Vom Herd nehmen, dann eine Gelierprobe machen (s. S. 69).

4 Schaum von der Oberfläche abschöpfen. Die Zimtstange entfernen und den Portwein unterrühren. Die Marmelade in noch warme sterilisierte Gläser füllen und mit Kreisen aus Wachspapier abdecken. Die Gläser verschließen, etikettieren und an einen kühlen, dunklen Platz stellen. Nach dem Öffnen im Kühlschrank aufbewahren.

Pflaumen
Pflaumen werden fast überall in Europa angebaut und tragen reich. Für diese Marmelade eignet sich jede dunkelrote, violette oder blaue Sorte. Gerade reife Früchte verwenden.

Diese Marmelade enthält ein wenig Weinbrand, um die Süße der Kirschen zu mildern. Sollten Sie keinen Kirschentsteiner besitzen, empfiehlt es sich, die Kirschen vor dem Entsteinen zu halbieren. Die aufgeschlagenen Kerne geben zartes Bittermandelaroma ab.

Kirschmarmelade

ERGIBT ETWA 750 G (3 KLEINE GLÄSER)

FERTIG IN 45 MINUTEN

HALTBAR 9 MONATE

ZUTATEN

500 g dunkle Süßkirschen, entsteint, Steine aufbewahrt

Saft von 2 Zitronen

500 g Zucker und 6 EL stark konzentriertes Pektin (s. S. 70–71) oder 500 g Gelierzucker (nach Packungsanweisung verwenden)

2 EL Weinbrand oder Cherry Brandy

1 Die Kirschkerne auf ein kleines Stück Musselin legen und den Stoff mit Küchengarn zu einem Säckchen zusammenbinden. Die Kerne mit einem Hammer leicht aufschlagen. Das Säckchen zusammen mit den Kirschen und 300 ml Wasser in einen großen Topf mit schwerem Boden geben. Die Mischung zum Kochen bringen und nach Reduzieren der Hitze 10–15 Minuten köcheln lassen, bis die Früchte weich werden. Falls die Marmelade Fruchtstücke enthalten soll, die Kirschen nicht zu lange garen.

2 Zitronensaft, Zucker und Pektin hinzufügen. Die Mischung erhitzen und rühren, bis sich der Zucker aufgelöst hat, dann zum Kochen bringen. Unter gelegentlichem Rühren etwa 10 Minuten sprudelnd kochen lassen, bis der Gelierpunkt erreicht ist. Den Topf vom Herd nehmen und eine Gelierprobe machen (s. S. 69).

3 Das Säckchen mit den Kirschkernen herausnehmen. Schaum von der Marmelade abschöpfen, dann den Weinbrand unterrühren. Die Marmelade in noch warme sterilisierte Gläser füllen und mit Kreisen aus Wachspapier abdecken. Die Gläser verschließen, etikettieren und an einen kühlen, dunklen Platz stellen. Nach dem Öffnen im Kühlschrank aufbewahren.

Rote Johannisbeeren sind reich an Aroma und Pektin und damit die besten Partner für reife Erdbeeren. Diese weiche Marmelade eignet sich perfekt für Desserts und als Füllung für Kuchen, man kann sie aber auch zu Quark oder Reispudding servieren.

Erdbeer-Johannisbeer-Marmelade

ERGIBT ETWA 1,4 KG
(4 MITTELGROSSE GLÄSER)

FERTIG IN 55 MINUTEN

HALTBAR 6 MONATE

ZUTATEN

1,1 kg Erdbeeren, geputzt und grob gehackt

abgeriebene Schale und Saft von 2 unbehandelten Zitronen

175 g Rote Johannisbeeren

800 g Zucker und 5 EL stark konzentriertes Pektin (s. S. 70–71)
oder 800 g Gelierzucker (nach Packungsanweisung verwenden)

1 Erdbeeren, Zitronenschale, Zitronensaft und Johannisbeeren in einen großen Topf mit schwerem Boden geben und einige Minuten garen, bis die Früchte weich werden, aber noch nicht zerfallen.

2 Zucker und Pektin hinzufügen und unter Rühren behutsam erhitzen, bis sich der Zucker aufgelöst hat. Die Temperatur erhöhen. Die Mischung aufwallen lassen und 10–20 Minuten sprudelnd kochen, bis der Gelierpunkt erreicht ist. Den Topf vom Herd nehmen und eine Gelierprobe machen (s. S. 69).

3 Schaum von der Oberfläche abschöpfen. Die Konfitüre in noch warme sterilisierte Gläser füllen und mit Kreisen aus Wachspapier abdecken. Die Gläser verschließen, etikettieren und an einen kühlen, dunklen Platz stellen. Nach dem Öffnen im Kühlschrank aufbewahren.

Ein Klassiker, der immer schmeckt. Bei trockener Wärme gepflückte Freilanderdbeeren sollten genug Pektin enthalten, um gut zu gelieren. Bei Nässe gepflückte oder gekaufte Erdbeeren sicherheitshalber mit Gelierzucker verarbeiten.

Erdbeermarmelade

ERGIBT ETWA 1,2 KG (7 KLEINE GLÄSER)

FERTIG IN 1 STUNDE

HALTBAR 9 MONATE

ZUTATEN

1 kg Erdbeeren, geputzt und halbiert

6 EL Zitronensaft

900 g Zucker und 5–6 EL stark konzentriertes Pektin (s. S. 70–71) oder 900 g Gelierzucker (nach Packungsanweisung verwenden)

1 Erdbeeren und Zitronensaft in einen großen Topf mit schwerem Boden geben und 5–10 Minuten behutsam garen, bis die Früchte weich sind.

2 Zucker und Pektin hinzufügen und unter Rühren langsam erhitzen, bis sich der Zucker aufgelöst hat. Die Temperatur heraufschalten. Die Mischung aufwallen lassen und etwa 15 Minuten sprudelnd kochen, bis der Gelierpunkt erreicht ist. Den Topf vom Herd nehmen und eine Gelierprobe machen (s. S. 69).

3 Schaum von der Oberfläche abschöpfen. Die Marmelade etwas abkühlen lassen, damit sich die Beeren beim Einfüllen gleichmäßig verteilen. In noch warme sterilisierte Gläser füllen und mit Kreisen aus Wachspapier abdecken. Die Gläser verschließen, etikettieren und an einen kühlen, dunklen Platz stellen. Nach dem Öffnen im Kühlschrank aufbewahren.

Erdbeeren
Erdbeeren pflücken, wenn sie sich dunkler färben, aber gerade erst reif und noch nicht zu weich sind. Nach der Ernte so rasch wie möglich verarbeiten.

Eine Marmelade mit dem Geschmack des Südens, die zu süßen wie pikanten Speisen passt und auch mit Schinken oder Käse serviert werden kann. Nach Belieben zwei Teelöffel gehackten kandierten Ingwer zu den Feigen geben.

Feigenmarmelade mit Vanille

ERGIBT ETWA 1 KG
(3 MITTELGROSSE GLÄSER)

FERTIG IN 50–55 MINUTEN

HALTBAR 6 MONATE

ZUTATEN

675 g reife Feigen mit weicher Haut, geputzt und geviertelt

abgeriebene Schale und Saft von 1 unbehandelten Zitrone

1 kleiner Kochapfel, geschält und nach Entfernen des Kerngehäuses grob gehackt

1 Vanilleschote, längs aufgeschlitzt

675 g Zucker

1 Die Feigen mit Zitronenschale, Zitronensaft, Apfel und Vanilleschote in einen großen Topf mit schwerem Boden geben und bei schwacher Hitze unter gelegentlichem Rühren garen, bis die Früchte zerfallen.

2 Den Zucker hinzufügen und bei schwacher Hitze rühren, bis er sich aufgelöst hat. Die Temperatur erhöhen, die Mischung aufwallen lassen und unter gelegentlichem Rühren etwa 15–20 Minuten sprudelnd kochen, bis der Gelierpunkt erreicht ist, zwischendurch den Schaum abschöpfen. Vom Herd nehmen und eine Gelierprobe machen (s. S. 69).

3 Vorsichtig die Vanilleschote entfernen. Die Marmelade in noch warme sterilisierte Gläser füllen und mit Kreisen aus Wachspapier abdecken. Die Gläser verschließen, etikettieren und an einen warmen, dunklen Platz stellen. Nach dem Öffnen im Kühlschrank aufbewahren.

Aprikosen mit ihrer wunderbaren Farbe und dem vollen Fruchtaroma gewinnen durch den Zucker in der Marmelade noch an Wohlgeschmack. Von mittlerem Pektin- und Säuregehalt, profitieren sie von etwas Zitronensaft für besseres Gelieren.

Aprikosenmarmelade

ERGIBT ETWA 1 KG (3 MITTELGROSSE GLÄSER)

FERTIG IN 40 MINUTEN

HALTBAR 6–9 MONATE

ZUTATEN

675 g Aprikosen, entsteint und grob gehackt

1 EL Zitronensaft

675 g Zucker und 5–6 EL stark konzentriertes Pektin (s. S. 70–71), oder 675 g Gelierzucker (nach Packungsanweisung verwenden)

1 Aprikosen, Zitronensaft und 150 ml Wasser in einen großen Topf mit schwerem Boden geben. Die Mischung behutsam zum Kochen bringen und unter gelegentlichem Rühren 15 Minuten köcheln lassen, bis Haut und Fruchtfleisch weich sind.

2 Zucker und Pektin hinzufügen und rühren, bis sich der Zucker aufgelöst hat. Die Temperatur erhöhen. Den Topfinhalt aufwallen lassen und ohne Rühren etwa 10 Minuten sprudelnd kochen, bis der Gelierpunkt erreicht ist. Den Topf vom Herd nehmen und eine Gelierprobe machen (s. S. 69).

3 Schaum von der Oberfläche abschöpfen. Die Marmelade in noch warme sterilisierte Gläser füllen und mit Kreisen aus Wachspapier abdecken. Die Gläser verschließen, etikettieren und an einen kühlen, dunklen Platz stellen. Nach dem Öffnen im Kühlschrank aufbewahren.

Aprikosen
Für diese Konfitüre größere Früchte verwenden, die gerade reif und nicht zu weich sein sollten.

Aprikosen-Orangen-Marmelade mit Sauternes

Diese göttliche Marmelade wird mit Süßwein aufgepeppt. Sie schmeckt herrlich frisch, Orangen- und Zitronensaft verleihen ihr spritzige Säure. Auf Toast gestrichen, in süßen Backwaren oder mit Joghurt – es gibt viele Möglichkeiten, sie zu genießen.

ERGIBT ETWA 1,4 KG (4 MITTELGROSSE GLÄSER)

FERTIG IN 1 STUNDE

HALTBAR 6–9 MONATE

ZUTATEN

900 g Aprikosen, entsteint und grob gehackt

Saft und abgeriebene Schale von 1 unbehandelten Zitrone

Saft von 3 großen Orangen

900 g Zucker und 5–6 EL stark konzentriertes Pektin (s. S. 70–71), oder 900 g Gelierzucker (nach Packungsanweisung verwenden)

1–2 EL Sauternes, nach Geschmack

1 Die Aprikosen mit Zitronensaft, Zitronenschale und Orangensaft in einen großen Topf mit schwerem Boden geben. Den Topfinhalt bei mittlerer Hitze zum Köcheln bringen und 15–20 Minuten köcheln lassen, bis die Aprikosen weich sind.

2 Zucker und Pektin hinzufügen und bei schwacher Hitze rühren, bis sich der Zucker aufgelöst hat. Die Temperatur erhöhen. Den Topfinhalt aufwallen lassen und etwa 20 Minuten sprudelnd kochen, bis der Gelierpunkt erreicht ist, Schaum abschöpfen. Den Topf vom Herd nehmen und eine Gelierprobe machen (s. S. 69).

3 Den Sauternes unterrühren. Die Marmelade in noch warme sterilisierte Gläser füllen und mit Kreisen aus Wachspapier abdecken. Die Gläser verschließen, etikettieren und an einen kühlen, dunklen Platz stellen. Nach dem Öffnen im Kühlschrank aufbewahren.

KONFITÜRE & CO

Zur orangeroten Farbe passt der zarte Duft nach Zimt und Muskat. Die Kürbismarmelade schmeckt gut zu pikanten Speisen wie Blauschimmelkäse, macht aber auch jedem Frühstücksbrötchen Ehre. Am besten kleinere Kürbisse mit süßem Fleisch verwenden.

Kürbismarmelade mit Gewürzen

ERGIBT ETWA 2,2 KG (4 GROSSE GLÄSER)
FERTIG IN 50 MINUTEN
HALTBAR 6 MONATE

ZUTATEN

1,5 kg Kürbis, geschält, entkernt und in kleine Stücke geschnitten

2 Kochäpfel, geschält, entkernt und in kleine Stücke gehackt

1,4 kg Zucker

Saft von 1 Zitrone

Saft von 1 Orange

1 Prise Zimt

1 Prise frisch geriebene Muskatnuss

1 Kürbis- und Apfelstücke in einen großen Topf mit schwerem Boden geben. 50 ml Wasser hinzufügen (gerade so viel, dass der Kürbis nicht ansetzt und anbrennt). Den Topfinhalt zum Kochen bringen und 10–20 Minuten köcheln lassen, bis der Kürbis weich ist. Mit einem Kartoffelstampfer oder einer Gabel zerdrücken, einige Kürbisstücke aber ganz lassen.

2 Zucker, Zitronensaft, Orangensaft, Zimt und Muskatnuss hinzufügen und rühren, bis sich der Zucker aufgelöst hat. Die Temperatur erhöhen und den Topfinhalt aufwallen lassen. 15–20 Minuten sprudelnd kochen, bis die Marmelade dick wird und geliert. Den Topf von der Kochstelle nehmen und eine Gelierprobe machen (s. S. 69).

3 Schaum von der Oberfläche abschöpfen. Die Marmelade in noch warme sterilisierte Gläser füllen und mit Kreisen aus Wachspapier abdecken. Die Gläser verschließen, etikettieren und an einen kühlen, dunklen Platz stellen. Nach dem Öffnen im Kühlschrank aufbewahren.

Kürbisse
Es gibt eine enorme Sortenvielfalt mit Kürbissen in allen Formen und Größen. Für Marmelade eignen sich Kürbisse mit süßem, festem Fleisch wie der hier gezeigte 'Jack be little' am besten.

Diese Marmelade wird aus frischen Markkürbissen zubereitet. Orangen verleihen ihr Süße und Aromatiefe und einen herrlich frischen Geschmack. Als Brotaufstrich verwenden oder zu Quark oder Joghurt genießen.

Kürbis-Orangen-Marmelade

ERGIBT 1,4 KG
(4 MITTELGROSSE GLÄSER)

FERTIG IN 40–45 MINUTEN

HALTBAR 9 MONATE

ZUTATEN

1 großer Markkürbis (etwa 900 g schwer), geschält und in 1 cm große Stücke geschnitten

Saft von 2 Zitronen

abgeriebene Schale von 2 großen unbehandelten Orangen und Saft von 1 Orange

900 g Zucker und 5–6 EL stark konzentriertes Pektin (s. S. 70–71), oder 900 g Gelierzucker (nach Packungsanweisung verwenden)

1 Kürbisstücke und Zitronensaft in einem großen Topf mit schwerem Boden zum Kochen bringen und etwa 15 Minuten köcheln lassen, bis der Kürbis weich wird. Zwischendurch nach Bedarf etwas Wasser hinzufügen, damit er nicht anbrennt – es kommt darauf an, wie viel Wasser der Kürbis enthält.

2 Zucker, Pektin, Orangensaft und Orangenschale hinzufügen. Den Topfinhalt behutsam erhitzen und rühren, bis sich der Zucker aufgelöst hat. Die Mischung aufkochen und etwa 20 Minuten sprudelnd kochen lassen, bis der Gelierpunkt erreicht ist. Schaum von der Oberfläche abschöpfen. Von der Kochstelle nehmen und eine Gelierprobe machen (s. S. 69).

3 Die Marmelade 5–10 Minuten stehen lassen, damit sich die Kürbisstücke gleichmäßig verteilen, dann in noch warme sterilisierte Gläser füllen und mit Kreisen aus Wachspapier abdecken. Die Gläser verschließen, etikettieren und an einen kühlen, dunklen Platz stellen. Nach dem Öffnen im Kühlschrank aufbewahren. Während der Lagerzeit entfalten sich die Aromen.

Tomatenmarmelade erscheint oft zu süß, deshalb wurde hier das Rezept etwas variiert, um ihr eine pikante Note zu verleihen. Wer sie gern auf dem Frühstücksbrötchen isst, lässt Chili und Kräuter einfach weg. Ansonsten passt sie zu Käse und Gegrilltem.

Tomaten-Chili-Marmelade

ERGIBT 350 G
(1 MITTELGROSSES GLAS)

FERTIG IN 40–45 MINUTEN

HALTBAR 6 MONATE

ZUTATEN

500 g Tomaten, 1 Minute in kochendem Wasser blanchiert, enthäutet, nach Belieben entkernt, und grob gehackt

1 TL Chiliflocken

1 TL italienische Kräuter (fertige Mischung)

Saft von 1 Zitrone

1 Prise Salz

250 g Zucker

1 Die Zutaten mit Ausnahme des Zuckers in einen Topf mit schwerem Boden geben, zum Kochen bringen und etwa 8 Minuten köcheln lassen, bis die Tomaten weich werden und zerfallen.

2 Den Zucker hinzufügen und unter Rühren behutsam erhitzen, bis er sich aufgelöst hat. Die Temperatur erhöhen. Den Topfinhalt aufwallen lassen und 10–15 Minuten sprudelnd kochen, bis er dick wird, zu glänzen beginnt und der Gelierpunkt erreicht ist (zwischendurch ab und zu umrühren, damit nichts ansetzt oder anbrennt, und nach Bedarf abschäumen). Den Topf vom Herd nehmen und eine Gelierprobe machen (s. S. 69).

3 Die Marmelade in noch warmes sterilisiertes Glas füllen und mit einem Kreis aus Wachspapier abdecken. Das Glas verschließen, etikettieren und an einen kühlen, dunklen Platz stellen. Nach dem Öffnen im Kühlschrank aufbewahren.

Die besten Zutaten für ...
Konfitüre

Verwenden Sie für Konfitüre nur erstklassiges, reifes Obst. Neben den gezeigten Sorten eignen sich alle saftigen Früchte mit dünner Schale für die Herstellung.

Brombeeren
Geben Sie ihnen Zeit, bis sie dick, süß und schwarzblau sind – dann sind Brombeeren perfekt für Konfitüre. Nur beste Qualität verwenden und die Stielansätze entfernen.

Renekloden
Diese exquisite Frucht mit ihrer honigähnlichen Süße bedarf keiner Aromazutaten. Exemplare verwenden, die duften und golden überhaucht sind.

Birnen
Wählen Sie saftige Tafelbirnen mit butterzartem Fruchtfleisch. Mit Zitrone, Limette, Ingwer, Birnenschnaps oder Duftgeranienblättern würzen.

DIE BESTEN ZUTATEN FÜR KONFITÜRE 99

Aprikosen
Konfitüre aus vollreifen Aprikosen hat ein unvergleichliches Aroma (s. S. 100–101), vor allem mit einigen zerstoßenen Aprikosenkernen oder etwas Amaretto zubereitet.

WEITERE FRÜCHTE
Boysenbeeren
Himbeeren
Maulbeeren
Melonen
Pfirsiche
Taybeeren
Weintrauben

Loganbeeren
Eine Züchtung mit einem intensiveren Aroma als Himbeeren und ebenso saftig. Für Konfitüre bei warmem, trockenen Wetter makellose gerade reife Früchte ernten.

Heidelbeeren
Die leicht herben kleinen Früchte ergeben sowohl ungemischt wie auch mit Zitrusfrüchten und anderem Obst vorzügliche Konfitüren.

Feigen
Ausgereifte, saftige Früchte mit dünner Schale verwenden, die auf leichten Druck etwas nachgeben, und die Stiele abschneiden.

Erdbeeren
Für Konfitüre eignen sich am besten kleine Beeren (auch winzige Walderdbeeren). Bei trockenem, warmem Wetter gerade reife Früchte ernten, ohne sie zu verletzen.

Kirschen
Die Schattenmorelle ist die klassische Sauerkirsche für Konfitüre, doch auch frisch geerntete Süßkirschen lassen sich sehr gut verarbeiten.

Nektarinen
Das weiche, saftige Fleisch von Nektarinen eignet sich perfekt für Konfitüre – mit Erdbeeren kombiniert ein Hochgenuss. Die Haut reifer Früchte lässt sich leicht abziehen.

Konfitüre herstellen

Im Gegensatz zu Marmelade enthält Konfitüre große Fruchtstücke oder ganze Früchte. Die Früchte legt man vor dem Garen in Zucker, damit sie fester werden, und man gart sie sanfter, als es bei Marmelade der Fall ist.

Aprikosenkonfitüre

ERGIBT 700 G
(2 MITTELGROSSE GLÄSER)

FERTIG IN 25–30 MINUTEN PLUS WARTEZEIT

HALTBAR 6 MONATE

ZUTATEN

500 g reife Aprikosen, gewaschen und trocken getupft

350 g Zucker

Saft von 1 Zitrone

MARMELADE ODER KONFITÜRE?

Eine EU-Richtlinie legt fest, dass im Handel die Bezeichnung »Marmelade« nur für Aufstriche aus Zitrusfrüchten verwendet werden darf, während alle anderen »Konfitüre« heißen müssen.
Im deutschsprachigen Raum hat sich diese Vorschrift bisher nicht so recht durchsetzen können, und so ist Marmelade im allgemeinen Sprachgebrauch immer noch der Oberbegriff für Brotaufstriche aus Früchten, und speziell für solche, die aus zerkleinertem Obst hergestellt werden. Unter Konfitüre dagegen versteht man eine Zubereitung, die ganze Früchte oder größere Stücke enthält.

1 Einen kleinen Teller im Kühlschrank kalt stellen. Die Aprikosen halbieren und entsteinen.

2 Früchte und Zucker in eine Schüssel schichten. Zugedeckt mehrere Stunden oder über Nacht bei Raumtemperatur stehen lassen.

3 Früchte, Zucker und Zitronensaft in einem großen Topf unter Rühren behutsam erhitzen, bis sich der Zucker aufgelöst hat, die Früchte sollen ganz bleiben.

4 Die Temperatur erhöhen und die Mischung 7–10 Minuten köcheln lassen, bis der Gelierpunkt erreicht ist. Nur umrühren, wenn es notwendig ist; abschäumen.

5 Den Topf von der Kochstelle nehmen und auf dem kalten Teller eine Gelierprobe machen (s. S. 69). Etwas abkühlen lassen, bis die Oberfläche sich kräuselt, damit sich die Fruchtstücke in den Gläsern verteilen, anstatt nach oben zu steigen.

6 Die Konfitüre in noch heiße sterilisierte Gläser füllen, dabei darauf achten, dass Sirup und Früchte gleichmäßig verteilt werden.

7 Mit Kreisen aus Wachspapier abdecken und mit Zellophan und Gummiringen oder Schraubdeckeln verschließen. Bei Twist-off-Gläsern wird kein Wachspapier benötigt: Das bis zum Rand gefüllte Glas sofort umdrehen und 5 Minuten auf dem Deckel stehen lassen.

Die Zugabe von etwas Champagner oder Sekt macht diese Konfitüre zu einer Leckerei für besondere Gelegenheiten und zu einem edlen Geschenk. Golden im Glas und fruchtig-frisch auf der Zunge schlägt sie alle Konkurrentinnen aus dem Feld.

Aprikosen-Champagner-Konfitüre

ERGIBT ETWA 700 G
(2 MITTELGROSSE GLÄSER)

FERTIG IN 40–50 MINUTEN
PLUS WARTEZEIT

HALTBAR 6 MONATE

ZUTATEN

500 g reife Aprikosen, entsteint und gehackt

300 g Zucker und 3 EL stark konzentriertes Pektin (s. S. 70–71),
oder 300 g Gelierzucker (nach Packungsanweisung verwenden)

Saft von 1 Zitrone

200 ml Champagner oder trockener Sekt

1 Früchte und Zucker in eine große Schüssel schichten und zugedeckt mehrere Stunden oder über Nacht bei Zimmertemperatur stehen lassen.

2 Die Früchte mit Zucker, Pektin, Zitronensaft und Champagner in einen großen Topf mit schwerem Boden geben und 10–12 Minuten köcheln lassen, bis die Aprikosen recht weich sind.

3 Die Temperatur erhöhen. Den Topfinhalt zum Aufwallen bringen und etwa 10 Minuten köcheln lassen, bis der Gelierpunkt erreicht ist. Da die Konfitüre schnell zu gelieren beginnt, immer wieder eine Gelierprobe machen (s. S. 69), dazu den Topf von der Kochstelle nehmen.

4 Die Konfitüre abschäumen, in noch warme sterilisierte Gläser füllen und mit Kreisen aus Wachspapier abdecken. Die Gläser verschließen, etikettieren und an einen kühlen, dunklen Platz stellen. Nach dem Öffnen im Kühlschrank aufbewahren.

Hier verbinden sich reife Sommerfrüchte zu einer leuchtend orangeroten Konfitüre. Durch den relativ geringen Zuckergehalt schmeckt sie leicht, Pfirsichstücke und Himbeeren geben ihr besondere Konsistenz. Für Desserts und als Aufstrich geeignet.

Pfirsich-Himbeer-Konfitüre

ERGIBT ETWA 900 G
(3 MITTELGROSSE GLÄSER)

FERTIG IN 45–60 MINUTEN
PLUS WARTEZEIT

HALTBAR 6 MONATE

ZUTATEN

700 g gerade reife Pfirsiche, entsteint und gewürfelt

175 g frische Himbeeren

400 g Zucker und 3–4 EL stark konzentriertes Pektin (s. S. 70–71), oder 400 g Gelierzucker (nach Packungsanweisung verwenden)

Saft von 1 Zitrone

1 Früchte und Zucker in eine große Schüssel schichten und zugedeckt mehrere Stunden oder über Nacht bei Zimmertemperatur stehen lassen.

2 Früchte, Zucker, Pektin und Zitronensaft in einen großen Topf mit schwerem Boden geben und etwa 15 Minuten sanft garen, bis die Früchte weich sind.

3 Die Temperatur erhöhen. Den Topfinhalt zum Aufwallen bringen und etwa 10 Minuten köcheln lassen, bis der Gelierpunkt erreicht ist. Den Topf von der Kochstelle nehmen und eine Gelierprobe machen (s. S. 69).

4 Die Konfitüre abschäumen, in noch warme sterilisierte Gläser füllen und mit Kreisen aus Wachspapier abdecken. Die Gläser verschließen, etikettieren und an einen kühlen, dunklen Platz stellen. Nach dem Öffnen im Kühlschrank aufbewahren.

Mit Eiscreme ebenso köstlich wie auf frisch gebackenem Brot. Verwenden Sie für dieses Konfitüre wirklich reife Pfirsiche, die voller Aroma sind und wunderbar duften. Man kann sie auch durch reife Nektarinen ersetzen.

Pfirsich-Walnuss-Konfitüre

ERGIBT ETWA 1,4 KG (4 MITTELGROSSE GLÄSER)

FERTIG IN 45 MINUTEN, PLUS WARTEZEIT

HALTBAR 6 MONATE

ZUTATEN

1,3 kg reife Pfirsiche

1 Orange, geschält (nur die farbige äußere Schale entfernen) und in dünne Scheiben geschnitten

900 g Zucker

Saft von 1 Zitrone

50 g Walnusskerne, grob gehackt

1–2 EL Weinbrand (nach Belieben)

1 Die Pfirsiche oben kreuzförmig einritzen und für 30 Sekunden in kochendes Wasser legen. Dann in kaltes Wasser tauchen, herausnehmen und die Haut abziehen. Die Pfirsiche halbieren. Die Steine entfernen und beiseitestellen, das Fruchtfleisch grob hacken. Gehackte Pfirsiche und Orangenscheiben mit dem Zucker in eine große Schüssel schichten und zugedeckt mindestens 4 Stunden oder über Nacht stehen lassen.

2 Früchte und Zucker in einen großen Topf mit schwerem Boden geben. Die Pfirsichsteine auf ein kleines Stück Musselin legen. Den Stoff zu einem Säckchen zusammennehmen und mit Küchengarn zusammenbinden, dann die Steine mit einem Hammer leicht aufschlagen. Das Säckchen in den Topf geben. Den Topfinhalt unter Rühren erhitzen, bis sich der Zucker aufgelöst hat. Die Temperatur erhöhen und die Mischung 15–20 Minuten köcheln lassen, bis der Gelierpunkt erreicht ist. Schaum abschöpfen. Den Topf von der Kochstelle nehmen und eine Gelierprobe machen (s. S. 69).

3 Das Säckchen mit den Pfirsichsteinen herausnehmen, dann Zitronensaft, Walnusskerne und, sofern verwendet, Weinbrand unterrühren. Die Konfitüre in noch warme sterilisierte Gläser füllen und mit Kreisen aus Wachspapier abdecken. Die Gläser verschließen, etikettieren und an einen kühlen, dunklen Platz stellen. Nach dem Öffnen im Kühlschrank aufbewahren.

Viele frische Minzeblätter verströmen hier ihr intensives Aroma. Wenn Sie Ihre Konfitüre mit etwas Alkohol abrunden möchten, können Sie vor dem Abfüllen einen Esslöffel Himbeergeist oder Kirschwasser hineinrühren.

Himbeer-Minze-Konfitüre

ERGIBT ETWA 900 G
(4 KLEINE GLÄSER)

FERTIG IN 45 MINUTEN
PLUS WARTEZEIT

HALTBAR 9 MONATE

ZUTATEN

675 g Himbeeren

500 g Zucker

1 Handvoll frische Minze, sehr fein gehackt

Saft von 1 Zitrone

1 Früchte und Zucker in eine Schüssel schichten und zugedeckt für mehrere Stunden oder über Nacht bei Zimmertemperatur stehen lassen.

2 Früchte, Zucker, Minze und Zitronensaft in einen großen Topf mit schwerem Boden geben und 5–8 Minuten behutsam garen, bis die Himbeeren Saft ziehen und gerade zu zerfallen beginnen.

3 Die Temperatur erhöhen und den Topfinhalt 5–10 Minuten köcheln lassen, bis der Gelierpunkt erreicht ist, aber im Auge behalten, da die Konfitüre rasch geliert. Von der Kochstelle nehmen und eine Gelierprobe machen (s. S. 69).

4 Die Konfitüre abschäumen, in noch warme sterilisierte Gläser füllen und mit Kreisen aus Wachspapier abdecken. Die Gläser verschließen, etikettieren und an einen kühlen, dunklen Platz stellen. Nach dem Öffnen im Kühlschrank aufbewahren.

Konfitüre von Heidelbeeren, Zitronen und Limetten

Diese Frühstückskonfitüre weckt mit ihrer wunderbaren Säure am Morgen Ihre Geschmacksknospen. Noch ausgewogener wird die Balance zwischen Beeren und Zitrusaromen, wenn man der Konfitüre vor dem Abfüllen einen Esslöffel Cassis-Likör hinzufügt.

ERGIBT ETWA 1 KG (4 KLEINE GLÄSER)

FERTIG IN 45 MINUTEN PLUS WARTEZEIT

HALTBAR 6 MONATE

ZUTATEN

600 g Heidelbeeren

600 g Zucker und 3–4 EL stark konzentriertes Pektin (s. S. 70–71) oder 600 g Gelierzucker (nach Packungsanweisung verarbeiten)

abgeriebene Schale und Segmente von 2 unbehandelten Zitronen (wer die Trennhäute nicht mag, kann die Früchte filetieren)

abgeriebene Schale und Segmente von 2 unbehandelten Limetten (wer die Trennhäute nicht mag, kann die Früchte filetieren)

1 Früchte und Zucker in eine große Schüssel schichten und abgedeckt für mehrere Stunden oder über Nacht bei Zimmertemperatur stehen lassen.

2 Heidelbeeren, Zucker, Pektin und abgeriebene Schale und Segmente der Zitrusfrüchte in einen großen Topf mit schwerem Boden geben und bei schwacher Hitze etwa 6–8 Minuten garen.

3 Die Temperatur erhöhen, bis der Topfinhalt aufwallt. 10–15 Minuten köcheln lassen, bis der Gelierpunkt erreicht ist. Den Topf von der Kochstelle nehmen und eine Gelierprobe machen (s. S. 69).

4 Die Konfitüre abschäumen, in noch warme sterilisierte Gläser füllen und mit Kreisen aus Wachspapier abdecken. Die Gläser verschließen, etikettieren und an einen kühlen, dunklen Platz stellen. Nach dem Öffnen im Kühlschrank aufbewahren.

Limetten

Wenn Limetten und andere Zitrusfrüchte mit der Schale verwendet werden, sollte man darauf achten, dass sie nicht mit Konservierungsmitteln behandelt ist. Unbehandelte Früchte findet man in Bioläden und Reformhäusern, aber auch in vielen Supermärkten.

Nutzen Sie die kurze Kirschsaison, und fangen Sie mit dieser Konfitüre das Aroma des Sommers ein. Sie sollte weich sein und keinesfalls zu lange gekocht werden. Der am Ende der Garzeit hinzugefügte Cassis gibt ihr eine schöne Aromatiefe.

Kirschkonfitüre mit Cassis

ERGIBT ETWA 700 G
(2 MITTELGROSSE GLÄSER)

FERTIG IN 50 MINUTEN
PLUS WARTEZEIT

HALTBAR 9 MONATE

ZUTATEN

600 g ganze Kirschen, entsteint

300 g Zucker und 3–4 EL stark konzentriertes Pektin (s. S. 70–71), oder 300 g Gelierzucker (nach Packungsanweisung verwenden)

1 EL Vanilleextrakt

Saft von 2 Zitronen

4 EL Crème de cassis

1 Früchte und Zucker in eine große Schüssel schichten und zugedeckt mehrere Stunden oder über Nacht bei Zimmertemperatur stehen lassen.

2 Früchte, Zucker, Pektin und Zitronensaft in einen großen Topf mit schwerem Boden geben und 15 Minuten sanft garen, bis die Kirschen weich sind.

3 Die Temperatur erhöhen und den Topfinhalt zum Aufwallen bringen. 5–8 Minuten köcheln, bis der Gelierpunkt erreicht ist, aufsteigenden Schaum abschöpfen. Den Topf von der Kochstelle nehmen und eine Gelierprobe machen (s. S. 69).

4 Den Cassis unterrühren. Die Konfitüre in noch warme sterilisierte Gläser füllen und mit Kreisen aus Wachspapier abdecken. Die Gläser verschließen, etikettieren und an einen kühlen, dunklen Platz stellen. Nach dem Öffnen im Kühlschrank aufbewahren.

Der Inbegriff spätsommerlicher Gaumenfreuden. Etwas abgeriebene Zitronen- oder Orangenschale, die man in Schritt 2 dazugibt, rundet den Geschmack ab. Die Konfitüre schmeckt gut auf warmem Toast, beweist aber auch als Kuchenfüllung Qualitäten.

Brombeer-Apfel-Konfitüre

ERGIBT ETWA 900 G (2 GROSSE GLÄSER)

FERTIG IN 50 MINUTEN PLUS WARTEZEIT

HALTBAR 6 MONATE

ZUTATEN

300 g Brombeeren

300 g Kochäpfel, geschält und nach Entfernen des Kerngehäuses grob gehackt

500 g Zucker

Saft von 1 Zitrone

1 Früchte und Zucker in eine große Schüssel schichten und zugedeckt mehrere Stunden oder über Nacht bei Zimmertemperatur stehen lassen.

2 Früchte, Zucker und Zitronensaft in einen großen Topf mit schwerem Boden geben und bei schwacher Hitze garen, bis alle Früchte weich sind.

3 Die Temperatur erhöhen und den Topfinhalt zum Aufwallen bringen. 10–15 Minuten köcheln, bis der Gelierpunkt erreicht ist. Nicht zu lange garen, sonst wird die Mischung marmeladenartig. Den Topf von der Kochstelle nehmen und eine Gelierprobe machen (s. S. 69).

4 Die Konfitüre abschäumen, in noch warme sterilisierte Gläser füllen und mit Kreisen aus Wachspapier abdecken. Die Gläser verschließen, etikettieren und an einen kühlen, dunklen Platz stellen. Nach dem Öffnen im Kühlschrank aufbewahren.

Wenn im Hochsommer vollreife, duftende Erdbeeren den Markt überschwemmen, ist der Zeitpunkt gekommen, um diese Konfitüre zu kochen. Durch das Einlegen in Zucker ziehen die Früchte Saft und zerfallen beim Garen nicht.

Erdbeerkonfitüre

ERGIBT ETWA 1,3 KG
(4 MITTELGROSSE GLÄSER)

FERTIG IN 45 MINUTEN
PLUS WARTEZEIT

HALTBAR 6 MONATE

ZUTATEN

900 g Erdbeeren, geputzt

900 g Zucker

Saft von 1 Zitrone

Saft von 1 Limette

1 Erdbeeren und Zucker in eine große Schüssel schichten und zugedeckt mehrere Stunden oder über Nacht stehen lassen.

2 Früchte und Zucker in einen großen Topf mit schwerem Boden geben und bei niedriger Temperatur unter ständigem Rühren erhitzen, bis sich der Zucker aufgelöst hat. Die Erdbeeren gerade so lange köcheln lassen, dass sie weich werden, aber nicht zerfallen (etwa 5 Minuten). Den Topf von der Kochstelle nehmen und locker mit Musselin abdecken. Die Früchte über Nacht stehen lassen.

3 Den Musselin entfernen. Den Topf wieder auf die Kochstelle setzen. Zitronen- und Limettensaft unter die Fruchtmasse rühren und den Topfinhalt zum Kochen bringen. 5–10 Minuten köcheln lassen, bis der Gelierpunkt erreicht ist, dabei aufsteigenden Schaum abschöpfen. Den Topf von der Kochstelle nehmen und eine Gelierprobe machen (s. S. 69).

4 Die Konfitüre in noch warme sterilisierte Gläser füllen und mit Kreisen aus Wachspapier abdecken. Die Gläser verschließen, etikettieren und an einen kühlen, dunklen Platz stellen. Nach dem Öffnen im Kühlschrank aufbewahren.

Die besten Zutaten für …
Fruchtpaste

Leider etwas aus der Mode gekommen, aber ideal, wenn sich die Bäume im Garten unter einer reichen Apfel- oder Quittenernte biegen. Auch Fallobst lässt sich auf diese Art wunderbar verwerten.

Zitronen
Aus der Schale und dem Saft von Zitronen, Zucker, Butter und Eiern lässt sich ein fruchtiger Zitronenaufstrich herstellen.

Pflaumen
Kochpflaumen oder unreife Pflaumen etwa der Sorte 'Königin Victoria' sind gut geeignet. Die Paste mit Gewürzen oder Orangenschale abschmecken.

Quitten
Früchte mit leicht körnigem Fruchtfleisch. Quittenpaste (s. S. 114–115) nimmt eine orangefarbene Tönung an und passt gut zu kräftigem Käse.

Birnen
Birnen werden mit Quitten, Äpfeln oder Cranberrys kombiniert, um Fruchtpaste herzustellen. Recht feste Tafelbirnen verwenden und mit Zimt, Nelken oder gemahlenem Ingwer aromatisieren.

Äpfel
Sie eignen sich am besten für eine relativ weiche Paste. Man kann sie gut mit Quitten oder Zwetschen kombinieren. Fallobst oder Kochäpfel verwenden.

Orangen
Alle Orangen und auch Tangerinen sind gute Aromazutaten für Fruchtpasten. Aus Bitterorangen lässt sich im Winter eine süßsaure Fruchtpaste für Weihnachten herstellen. Nur unbehandelte Orangen verwenden.

WEITERE FRÜCHTE
Aprikosen
Boysenbeeren
Grapefruits
Loganbeeren
Maulbeeren
Mispeln
Renekloden
Schwarze Johannisbeeren
Stachelbeeren
Weintrauben

Limetten
Der einzigartige Geschmack von Limetten lässt sich für einen Fruchtaufstrich mit tropischem Flair nutzen.

Brombeeren
Reife Brombeeren, mit Äpfeln gemischt, eignen sich perfekt für eine aromatische, herbstliche Fruchtpaste.

Cranberrys
Mit ihrem süßsauren Geschmack und ihrem Granatapfelrot sind Cranberrys perfekt für Fruchtpasten. Sie können mit Äpfeln oder festen Birnen kombiniert werden.

Himbeeren
Fruchtpasten werden häufig aus Zitrusfrüchten hergestellt, aber auch Himbeeren eignen sich für eine Paste mit frischem Geschmack und sind eine schöne Abwechslung.

Zwetschen
Wie Quitten liefern Zwetschen hervorragende Ergebnisse. Die Fruchtpaste hat ein wunderbar intensives Aroma und wird schön fest.

Fruchtpaste herstellen

Fruchtpaste entsteht aus stark eingekochtem Fruchtpüree. Je nach Kochzeit kann sie eher weich oder schnittfest sein. Quitten eignen sich nicht zum Rohessen, aber als Gelee oder in dieser Paste sind sie unübertroffen.

Quittenpaste

ERGIBT ETWA 750 G–1 KG (ETWA 6 FÖRMCHEN MIT 150 G FASSUNGSVERMÖGEN)

FERTIG IN 1½ STUNDEN

HALTBAR 12 MONATE ODER LÄNGER

ZUTATEN

1 kg Quitten, gewaschen

Saft von ½ Zitrone

etwa 500 g Zucker (siehe Anleitung)

WEICHE ODER SCHNITTFESTE PASTE?

Die Quittenpaste ist schnittfest. Soll die Paste streichfähig bleiben, halbiert man einfach die Garzeit (Schritt 4). Die Paste ist fertig, wenn ein Löffelrücken einen Abdruck hinterlässt.

Fruchpasten halten lange und sind vielseitig verwendbar: Schnittfeste Paste in dünnen Scheiben zu kaltem Fleisch und Käse reichen oder als Naschwerk nach dem Essen. Man kann mit der Paste winterliche Schmorgerichte und Weinsaucen anreichern, Obstkompott süßen oder Kuchen und Crumbles zusätzliches Aroma verleihen. Aufgrund ihrer Konzentration sollte man die Pasten sparsam verwenden.

---

1 Die Quitten in Stücke schneiden und mit 600 ml Wasser in einen großen Topf mit schwerem Boden geben. Den Zitronensaft hinzufügen. Den Topfinhalt zum Kochen bringen und 30 Minuten köcheln lassen.

2 Sobald die Quitten weich genug sind, die Früchte mit einem Kartoffelstampfer oder einer Gabel zu Mus zerdrücken. Das Mus zum Abkühlen beiseitestellen.

3 Das Mus mit einem Kochlöffel portionsweise durch ein Sieb oder ein Passiergerät in eine große saubere Schüssel streichen. Das Mus abmessen und auf 100 ml Mus jeweils 100 g Zucker geben.

FRUCHTPASTE HERSTELLEN 115

4 Das Mus mit dem Zucker in einen Topf geben und bei schwacher Hitze rühren, bis sich der Zucker aufgelöst hat. Zum Kochen bringen und mindestens 45–60 Minuten köcheln lassen. Gegen Ende rühren, damit nichts anbrennt.

5 Das Mus zu einer dunklen, sehr dicken, glänzenden Paste einkochen. Sie ist fertig, wenn sie »spuckt«, am Löffel haften bleibt und sich teilt, wenn der Löffel über den Topfboden gezogen wird.

6 Sterilisierte Förmchen mit Öl auspinseln. Die Paste hineinfüllen und glatt streichen. Wenn sie in den Förmchen bleiben soll, mit Kreisen aus Wachspapier abdecken und mit Zellophan verschließen, andernfalls abkühlen lassen.

7 Die Quittenpaste aus den Förmchen stürzen und in Wachspapier einschlagen. Für 4–6 Wochen an einem kühlen, dunklen Platz ruhen lassen.

Fruchtschale kandieren

Selbst kandierte Zitrusschale schmeckt besser als gekauftes Orangeat und Zitronat und enthält keine Konservierungsstoffe. Sie wird vor allem zum Backen verwendet. Die Methode eignet sich auch für die unbehandelte Schale anderer Früchte.

Kandierte Zitrusschale

ERGIBT ETWA 225 G (1 KLEINES GLAS)

FERTIG IN 2 STUNDEN PLUS WARTEZEIT

HALTBAR 6 MONATE

ZUTATEN

1 große oder 2 kleine unbehandelte Grapefruits sowie 1 unbehandelte rosa Grapefruit oder 1 unbehandelte Pomelo (oder eine Mischung aus diesen Früchten)

Zucker – notwendige Menge siehe Anleitung

feiner Zucker zum Überziehen

1 Die Früchte mit einem scharfen Messer rundum kreuzförmig einritzen und vorsichtig die Schalenviertel abziehen. Die Schalenstücke zusammen wiegen, dann in einen Topf legen, mit Wasser bedecken und bis zu 1 Stunde sanft garen, bis sie weich sind, dabei zwei- oder dreimal das Wasser wechseln.

2 Die Schalen abtropfen lassen und die weiche Schicht auf der Innenseite abschaben. Die Viertel ganz lassen oder in breite Streifen schneiden.

3 Schalen und die gleiche Gewichtsmenge Zucker in einen Topf geben, knapp mit Wasser bedecken und bei schwacher Hitze rühren, bis sich der Zucker aufgelöst hat. Zum Kochen bringen, dann 45 Minuten bei milder Hitze köcheln lassen, bis die Schalen glasig sind und den Sirup fast vollständig aufgenommen haben.

4 Schalen aus dem Topf nehmen und auf einem mit Backpapier bedeckten Blech verteilen. Mindestens 24 Stunden bei Zimmertemperatur trocknen lassen.

5 Die Stücke nacheinander in eine Schüssel mit feinem Zucker drücken und sorgfältig damit überziehen.

6 Die Schalen in ein sterilisiertes Glas füllen und dieses verschließen. Kühl und trocken lagern.

Früchte kandieren

Kandierte Früchte herzustellen, ist eine Kunst für sich. Neben festem, aber reifem Obst, etwa Aprikosen, Kirschen, Pfirsichen, Birnen und Feigen, braucht man Zuckersirup und mehrere Tage Zeit.

Sirup herstellen Für jeweils 500 g Obst 200 g Zucker und 300 ml Wasser (wenn möglich das Pochierwasser der Früchte – siehe unten) verwenden. Zucker und Wasser in einen Topf geben, behutsam erhitzen und rühren, bis sich der Zucker aufgelöst hat, dann zum Kochen bringen.

Die Früchte pochieren Die Früchte schälen, große halbieren. Steine entfernen. Feste Aprikosen, Kirschen, Pflaumen, Renekloden, Ananas, Kumquats und Feigen in Wasser pochieren, bis sie gerade weich sind. Nebeneinander in eine flache hitzebeständige Form legen und mit kochendem Sirup bedecken (bei Bedarf weiteren Sirup herstellen). 24 Stunden ruhen lassen. Den Sirup in einen Topf abgießen, mit weiteren 60 g Zucker zum Kochen bringen und über die Früchte gießen. Diese wieder 24 Stunden ruhen lassen. Drei weitere Tage so fortfahren, am sechsten und siebten Tag 85 g dazugeben.

Die Früchte trocknen Am achten Tag die Früchte auf ein Drahtgitter legen, auf ein Blech setzen und im 50–60 °C warmen Backofen 1–2 Stunden trocknen, bis sie sich nicht mehr klebrig anfühlen.

Kandierte Feigen
Zum Schluss die Früchte kurz in kochendes Wasser tauchen und in Zucker wenden. Einzeln in Papierförmchen in einer Schachtel oder Dose aufbewahren, die einzelnen Lagen mit Wachspapier trennen.

Chutneys und Pickles kitzeln den Gaumen und verleihen den alltäglichsten Speisen Würze und Wohlgeschmack. Alle diese Zubereitungen sind ausgesprochen vielseitig verwendbar und im Handumdrehen fertig: würziges, mildes, feuriges oder fruchtiges Chutney, knackige, scharfe oder süßsaure Pickles aus frischem Gemüse – für jeden Geschmack ist das Richtige dabei. Hauptzeit für die Herstellung dieser Konserven ist der Herbst, und man braucht dafür nichts weiter als gute Zutaten und eine Prise Fantasie. – Wer sagt, dass Einkochen keinen Spaß macht?

Die besten Zutaten für …
Chutneys

Ein gutes selbst gemachtes Chutney ist immer noch etwas ganz Besonderes. Im Sommer und Herbst ist die beste Zeit dafür. Dann ist die Auswahl an Obst und Gemüse am größten.

Äpfel
Eine Grundzutat für Chutneys, da ihr Aroma optimal mit dem aller anderen Zutaten harmoniert. Kochäpfel sorgen für eine glatte Konsistenz, Tafeläpfel sind süßer und behalten besser ihre Form.

Birnen
Köstlich in Kombination mit Ingwer oder Gewürzen wie Kardamom, Zimt und Piment. Alle Sorten sind geeignet, harte Früchte und Fallobst aber besser als überreife Früchte.

Pflaumen
Alle Sorten, auch Mirabellen, Renekloden und Zwetschen, ergeben wunderbar aromatische Chutneys. Experimentieren Sie mit Gewürzmischungen (s. S. 124–125).

Rhabarber
Bei Köchen beliebt, da sein säuerlicher Geschmack gut mit getrockneten Früchten harmoniert. Klassische Partner sind Orange und Ingwer. Rhabarber im Frühjahr und Frühsommer ernten und nur zarte Stiele verwenden.

Feigen
Exotischer Geschmack und gute Konsistenz – perfekt für Chutneys. Nicht ganz reife Früchte verwenden und mit Zitrusfrüchten oder Chilischoten und Fenchelsamen aromatisieren.

TIPPS
- Alle Zutaten sorgfältig vorbereiten – davon hängen letztlich Konsistenz und Qualität des Chutneys ab.
- Gewürze möglichst vor der Verwendung frisch mahlen.
- Unerlässlich ist langes, behutsames Garen.
- Die Geheimzutat ist Zeit: Da Chutneys durch Lagern immer besser werden, lässt man sie eine Weile ruhen, damit sich die Aromen entfalten können.

Auberginen
Unverzichtbar für indisch, mediterran oder südostasiatisch inspirierte Chutneys. Auberginen sind vielseitig verwendbar und nehmen Gewürze gut auf. Früchte mit glänzender Schale und festem Fleisch wählen.

WEITERE ZUTATEN

OBST
Aprikosen
Brombeeren
Nektarinen
Renekloden
Stachelbeeren
Zitrusfrüchte
Zwetschen

GEMÜSE
Buschbohnen
Knoblauch
Kürbis
Möhren
Rote Rüben
Schalotten
Stangenbohnen
Staudensellerie
Zucchini

Zwiebeln
Sie dürfen in keinem Chutney fehlen und nehmen beim Garen einen wunderbaren Geschmack an. Rote oder weiße Zwiebeln verwenden oder die milderen Schalotten.

Paprikaschoten
Reife rote und gelbe Paprikaschoten geben Herbstchutneys Aroma, Farbe, Süße und Konsistenz. Gute Partner sind Tomaten, Chilis, Knoblauch, Zwiebeln und Zucchini. In Scheiben schneiden oder würfeln.

Chilischoten
Frische oder getrocknete Chilis verleihen Chutneys Feuer und passen sowohl zu Obst als auch zu Gemüse. Da ihre Schärfe sehr unterschiedlich ist, die Schoten vor der Verwendung immer zuerst probieren.

Grüne und rote Tomaten
Rote (reife) und grüne (unreife) Tomaten sind die klassische Chutneyzutat und ergeben für sich und in Kombination mit anderen Zutaten sensationell gute Chutneys.

Cranberrys
Sie ergeben leuchtend gefärbte säuerliche Winterchutneys. Frische oder gefrorene Beeren verwenden, mit Gewürzen abschmecken.

Pfirsiche
Wie Nektarinen ergeben Pfirsiche zarte und erfrischende Chutneys. Ausgereifte Früchte und milde Gewürze verwenden. Gut in Kombination mit Walnüssen, Mandeln oder Pekannüssen, die auch die Konsistenz von Chutneys verbessern.

Markkürbisse
Auch als Sommerkürbisse bekannt. Verwenden, solange sie jung sind und mit getrockneten Datteln und Gewürzen kombinieren.

Chutney zubereiten

Chutneys sind vielseitig verwendbare süßsaure Mischungen aus Gemüse, Obst, Gewürzen und getrockneten Früchten, die man zu kaltem Fleisch, Aufschnitt und Käse essen kann. Dies ist die Grundmethode der Zubereitung.

Pflaumenchutney

ERGIBT ETWA 1,5 KG (3 GROSSE GLÄSER)
FERTIG IN 2 STUNDEN
HALTBAR 12 MONATE

ZUTATEN

- 1 kg Pflaumen
- 350 g Kochäpfel
- 250 g Zwiebeln
- 125 g Rosinen
- 300 g hellbrauner Zucker
- 1 TL Meersalz
- je 1 TL Piment, Zimt und Koriander, möglichst frisch gemahlen
- 1 getrocknete Chilischote oder ½ TL Chiliflocken
- 1 TL Fenchelsamen (nach Belieben)
- 600 ml Weißweinessig oder Apfelessig

RUHEZEIT
Da frisch gekochtes Chutney streng und flach schmecken kann, lässt man es zunächst 1–2 Monate reifen.

1 Pflaumen halbieren, entsteinen und vierteln. Äpfel schälen, entkernen und in mundgerechte Stücke schneiden. Zwiebeln schälen und in dünne Scheiben schneiden.

2 Alle Zutaten in einen großen Edelstahltopf mit schwerem Boden geben. Langsam zum Kochen bringen und rühren, damit sich der Zucker auflöst.

3 Den Topfinhalt 1½–2 Stunden köcheln lassen, bis ein über den Boden gezogener Löffel eine Spur hinterlässt. Gegen Ende häufig umrühren, damit nichts ansetzt.

4 Das Chutney sollte dick sein und glänzen. Abschmecken und bei Bedarf nachsalzen. In frisch sterilisierte Gläser füllen, ohne dass Luftblasen entstehen.

5 Mit Wachspapier abdecken, mit Zellophan oder säurebeständigen Deckeln verschließen, etikettieren und an einen kühlen dunklen Platz stellen.

CHUTNEYS & PICKLES

Sonnengereifte Gemüse vereinen sich hier mit feinen Kräutern und Gewürzen zu einem leckeren Chutney mit einer schönen Farbe und wohlgerundeten Aromen. Die Gemüsemengen können variiert werden, solange das Gesamtgewicht gleich bleibt.

Mediterranes Chutney

ERGIBT ETWA 2 KG (4 GROSSE GLÄSER)

FERTIG IN 2½ STUNDEN

HALTBAR 12 MONATE

ZUTATEN

500 g rote Paprikaschoten, nach Entfernen der Samen und Scheidewände gewürfelt

500 g Auberginen, in mundgerechte Stücke geschnitten

500 g kleine Zucchini, in mundgerechte Stücke geschnitten

1 rote Zwiebel, fein gehackt

500 g Tomaten, grob gehackt

650 ml Apfelessig

500 g hellbrauner Zucker

1 TL Koriandersamen

1 TL Kräuter der Provence

1 TL Fenchelsamen (nach Belieben)

1 Alle Gemüse in einen großen Edelstahltopf mit schwerem Boden geben.

2 Essig und Zucker hinzufügen und rühren, um die Gemüse mit dem Zucker zu überziehen. Gewürze und Kräuter dazugeben. Den Topfinhalt behutsam erhitzen und dabei gelegentlich umrühren, bis sich der Zucker aufgelöst hat. Die Temperatur erhöhen und die Zutaten zum Kochen bringen.

3 Die Hitze so weit reduzieren, dass der Topfinhalt noch köchelt, dann etwa 2 Stunden sanft garen, bis die Flüssigkeit verdampft ist und die Mischung dick und klebrig wird. Gegen Ende der Garzeit ununterbrochen rühren, damit das Chutney nicht am Topfboden ansetzt.

4 Das Chutney in noch warme sterilisierte Gläser mit säurebeständigen Deckeln füllen, dabei darauf achten, dass keine Lufteinschlüsse entstehen. Mit Kreisen aus Wachspapier abdecken. Die Gläser verschließen und etikettieren. Für einen Monat an einen kühlen, dunklen Platz stellen, damit sich die Aromen entfalten können. Nach dem Öffnen im Kühlschrank aufbewahren.

Fallobst und unreife Birnen lassen sich ausgezeichnet zu einem Chutney verarbeiten, das man zu Käse, Schinken oder Pasteten reichen kann. Dieses Chutney am besten drei Monate stehen lassen, damit es sein Aroma voll entfaltet.

Birnenchutney

ERGIBT ETWA 1,5 KG
(3 GROSSE GLÄSER)

FERTIG IN 2½–2¾ STUNDEN

HALTBAR 12 MONATE

ZUTATEN

750 g Birnen, geschält und nach Entfernen des Kerngehäuses in 2 cm große Würfel geschnitten

350 g Zwiebeln, gehackt

350 g grüne oder rote Tomaten, in Scheiben geschnitten

125 g Rosinen, gehackt

3 Pfefferkörner, zerstoßen

350 g brauner Zucker

½ TL Cayennepfeffer

½ TL gemahlener Ingwer

1 TL Meersalz

450 ml Apfelessig

1 Alle Zutaten in einen großen Edelstahltopf mit schwerem Boden geben und langsam zum Kochen bringen, dabei rühren, bis sich der Zucker aufgelöst hat.

2 Die Temperatur reduzieren. Den Topfinhalt ohne Deckel etwa 2 Stunden köcheln lassen, bis er dick wird und ein dunkles Karamellbraun annimmt und ein über den Topfboden gezogener Kochlöffel eine Spur hinterlässt. Gegen Ende der Garzeit häufig umrühren, damit das Chutney nicht anbrennt.

3 Das Chutney in noch warme sterilisierte Gläser mit säurebeständigen Deckeln füllen, dabei darauf achten, dass keine Lufteinschlüsse entstehen. Mit Kreisen aus Wachspapier abdecken. Die Gläser verschließen und etikettieren. Für mindestens einen Monat an einen kühlen, dunklen Platz stellen, damit sich die Aromen entfalten können. Nach dem Öffnen im Kühlschrank aufbewahren.

Dieses süße, mild gewürzte Chutney ist ein idealer Begleiter für Brie, Ziegenkäse oder anderen aromatischen Weichkäse. Für zusätzliche Schärfe kann man am Ende der Garzeit ein oder zwei Teelöffel Chiliflocken unter die Mischung rühren.

Tomaten-Paprika-Chutney

ERGIBT ETWA 1,5 KG (3 GROSSE GLÄSER)

FERTIG IN 2 STUNDEN 20 MINUTEN

HALTBAR 9 MONATE

ZUTATEN

| 1 rote Paprikaschote |
| 1 orangefarbene Paprikaschote |
| 1 gelbe Paprikaschote |
| 1,5 kg reife Tomaten, 1 Minute in kochendes Wasser gelegt, dann gehäutet |
| 2 Zwiebeln, grob gehackt |
| 450 g Zucker |
| 600 ml Weißweinessig |

1 Den Backofen auf 200 °C (Umluft 180 °C) vorheizen. Die Paprikaschoten auf einem Blech für etwa 25–30 Minuten hineinschieben, bis sie schwarze Flecken bekommen. Herausnehmen, in einen Folienbeutel geben und abkühlen lassen. (Dadurch lässt sich die Haut leichter abziehen.)

2 Stiele, Haut, Scheidewände und Samen entfernen und das Fruchtfleisch grob hacken. Paprikaschoten, Tomaten und Zwiebeln in einer Küchenmaschine oder von Hand hacken, aber nicht pürieren.

3 Die Mischung mit Zucker und Essig in einen großen Edelstahltopf mit schwerem Boden geben und bei schwacher Hitze unter ständigem Rühren garen, bis sich der Zucker aufgelöst hat. Den Topfinhalt zum Kochen bringen und bei reduzierter Temperatur 1–1½ Stunden unter gelegentlichem Rühren köcheln lassen, bis das Chutney eindickt. Eventuell am Ende der Garzeit die Temperatur etwas erhöhen und ununterbrochen rühren, damit nichts am Topfboden ansetzt.

4 Das Chutney in noch warme sterilisierte Gläser mit säurebeständigen Deckeln füllen, dabei darauf achten, dass keine Lufteinschlüsse entstehen. Mit Kreisen aus Wachspapier abdecken. Die Gläser verschließen und etikettieren. Für einen Monat an einen kühlen, dunklen Platz stellen. Nach dem Öffnen im Kühlschrank aufbewahren.

Servieren Sie diese süßen, in Rotwein gegarten Zwiebeln zu Käse, Fleischpasteten oder Terrinen. Für zusätzlichen Geschmack können in Schritt 2 gehackte frische Thymian- oder Rosmarinblätter oder eine Prise Chiliflocken dazugegeben werden.

Rote Zwiebelmarmelade

ERGIBT ETWA 700 G (2 MITTELGROSSE GLÄSER)

FERTIG IN 1½ STUNDEN

HALTBAR GEKÜHLT 3 MONATE

ZUTATEN

2 EL Olivenöl

1 kg rote Zwiebeln (etwa 6 Stück), geschält, halbiert und in Scheiben geschnitten

1 Prise Meersalz und frisch gemahlener schwarzer Pfeffer nach Geschmack

150 ml Rotwein

3 EL Balsamessig

3 EL Weißweinessig

6 EL hellbrauner Zucker

1 Das Öl in einem großen Edelstahltopf mit schwerem Boden erhitzen. Zwiebeln, Meersalz und etwas Pfeffer hineingeben. Die Zwiebeln bei schwacher bis mittlerer Hitze etwa 30 Minuten garen, bis sie weich sind und glasig werden, dabei gelegentlich umrühren, damit sie nicht ansetzen und anbrennen. An diesem Punkt ist langsames Garen wichtig, da sich jetzt der köstliche Karamellgeschmack entwickelt.

2 Die Temperatur etwas erhöhen. Wein und beide Essigsorten hinzufügen und unterrühren. Den Topfinhalt zum Kochen bringen, dann die Hitze reduzieren. Den Zucker unterrühren und die Mischung bei niedriger Temperatur unter gelegentlichem Rühren weitere 30–40 Minuten garen, bis fast die gesamte Flüssigkeit verdampft ist.

3 Den Topf von der Kochstelle nehmen. Die Marmelade probieren und bei Bedarf nachwürzen (Vorsicht: die Aromen entfalten sich erst mit der Zeit). In noch warme sterilisierte Gläser mit säurebeständigen Deckeln füllen, ohne dass Lufteinschlüsse entstehen. Mit Kreisen aus Wachspapier abdecken, verschließen und etikettieren. Für einen Monat in den Kühlschrank stellen, damit sich die Aromen entfalten können. Auch nach dem Öffnen gekühlt aufbewahren.

132 CHUTNEYS & PICKLES

Die besten Zutaten für ...
Pickles

Das Einlegen in Essig verwandelt alltägliche Gemüse und Früchte in pikante Köstlichkeiten. Geeignet sind alle harten Gemüse und feste Obstsorten, die hier abgebildeten gehören jedoch zu den besten.

Einlegegurken
Diese kleinen knubbeligen Gurken sind für das Einlegen (s. S. 140–141) ideal. Kalt eingelegt bleiben sie knackig, heiß eingelegte werden weich.

Stangenbohnen
Konsistenz, Knackigkeit und frischer Geschmack machen Stangenbohnen perfekt zum Einlegen, für sich allein oder kombiniert mit anderen Gemüsen.

Schalotten
Die milden Schalotten sind einfach zu ziehen und können jederzeit als Ersatz für Perlzwiebeln verwendet werden.

Chilischoten
Frische Chilis aller Art können im Ganzen eingelegt werden (mit einer Gabel einstechen, damit der Essig eindringen kann) und sind eine unverzichtbare Zutat für viele andere Pickles.

Perlzwiebeln
Kleine Zwiebeln mit dünner Schale, die speziell zum Einlegen gezogen werden. Mit Lorbeerblättern, Chilischoten oder Senfkörnern einlegen oder für Mixed Pickles verwenden.

Rote Rüben
Sommer- oder Wintersorten (klein bis mittelgroß) und aromatisierten Essig verwenden. Passende Gewürze sind Estragon, Meerrettich und Knoblauch.

Weiße Rüben
Eine Spezialität aus dem Nahen Osten sind eingelegte Weiße Rüben. Man kann sie mit Roten Rüben mischen und mit ganzen Knoblauchzehen würzen.

DIE BESTEN ZUTATEN FÜR PICKLES 133

Walnüsse
In der Vorbereitung zeitaufwändig und etwas ganz Besonderes sind eingelegte Walnüsse. Im Sommer aus frisch geernteten grünen Nüssen zubereiten.

Zwetschen
Eingelegte Zwetschen entwickeln ein volles süßsaures Aroma und werden mit der Zeit immer besser. Man serviert sie zu Fleisch, Pasteten oder Hartkäse.

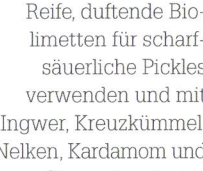

Limetten
Reife, duftende Biolimetten für scharfsäuerliche Pickles verwenden und mit Ingwer, Kreuzkümmel, Nelken, Kardamom und Sternanis würzen.

Knoblauch
Wichtige Zutat für Essiggurken, aber auch für sich – würzig oder süß – eingelegt einfach köstlich.

WEITERE ZUTATEN

OBST
Aprikosen
Brombeeren
Feigen
Kirschen
Melonen
Nektarinen
Pfirsiche
Pflaumen
Quitten
Rhabarber
Renekloden
Stachelbeeren
Wassermelonenschale
Weintrauben
Zitrusfrüchte

GEMÜSE
Auberginen
Buschbohnen
Knollensellerie
Meerrettich
Möhren
Paprikaschoten
Pilze
Rettiche
Romanesco
Salatgurke
Weißkohl
Zucchini

Birnen
Zum Einlegen feste, aromatische Früchte verwenden und mit Zitrusschale, Vanille, warmen Gewürzen oder exotischen Zutaten wie Zitronengras kombinieren.

Fenchel
Die knackige Konsistenz und das leichte Anisaroma harmonieren gut mit Möhren, Knollensellerie, roten Paprikaschoten und Chili.

Blumenkohl
Feste Köpfe mit cremeweißen Röschen verwenden. Blumenkohl wird traditionell für Senfpickles verwendet, harmoniert aber auch mit südostasiatischen und indischen Einlegegewürzen.

Rotkohl
Ergibt ein farbenfrohes, knackiges Pickle. Feste, kleine oder mittelgroße Köpfe verwenden, äußere und beschädigte Blätter entfernen. Mit Kümmel oder Kreuzkümmel würzen.

Pickles heiß zubereiten

Nicht nur Gemüse wie Gurken und Perlzwiebeln kann man durch Einlegen in Essig haltbar machen – auch Früchte lassen sich nach dieser Methode konservieren und in scharfe, salzige oder süßsaure Beilagen verwandeln.

Würziges Birnenpickle

ERGIBT ETWA 1 KG
(2 GROSSE GLÄSER)
FERTIG IN 40 MINUTEN
HALTBAR 9 MONATE

ZUTATEN

1 kg feste, schön geformte Birnen, etwa 'Williams Christ' oder 'Conference'

Für den Sirup

350 g Zucker

175 ml Apfelessig

abgeriebene Schale von ½ unbehandelten Zitrone

2,5 cm Ingwerwurzel, gehackt

Samen von 6 Kardamomkapseln

1 Zuerst den Sirup herstellen: Alle Zutaten in einen großen Edelstahltopf mit schwerem Boden geben und behutsam zum Kochen bringen, dabei rühren, bis sich der Zucker aufgelöst hat. 5 Minuten köcheln lassen, dann von der Kochstelle nehmen.

2 Die Birnen schälen und die Kerngehäuse entfernen. Die Früchte halbieren oder vierteln (Viertel lassen sich besser in Gläser füllen).

3 Die Birnen in den Sirup geben (sie müssen bedeckt sein) und etwa 5–10 Minuten sanft pochieren, bis sie gerade weich sind. Sie sind fertig, wenn sie sich mit einem Spieß leicht einstechen lassen. Die einzelnen Birnenstücke herausnehmen, sobald sie gar sind.

PICKLES HEISS ZUBEREITEN 135

4 Die Birnen in frisch sterilisierte Gläser füllen. Den Topf mit Sirup und Gewürzen wieder auf den Herd stellen. Den Sirup aufkochen und noch einmal etwa 5 Minuten kochen lassen.

5 Wenn er um etwa ein Drittel eingekocht ist, den Sirup über die Birnen gießen, dabei die Gläser bis zum Rand füllen, sodass die Birnen vollständig bedeckt sind.

6 Mit Kreisen aus Wachspapier abdecken, mit säurebeständigen Deckeln verschließen, etikettieren und vor Verwendung für einen Monat an einem kühlen, dunklen Platz ruhen lassen. Nach dem Öffnen kalt stellen.

Dieses Pickle hat eine schöne purpurrote Farbe. Man gart die Roten Rüben in Sirup, wobei Sternanis und Zimt wunderbar mit dem erdigen Aroma der Rüben harmonieren. Süße und Säure werden während der Lagerung noch ausgewogener.

Eingelegte Rote Rüben

ERGIBT ETWA 1 KG (2 GROSSE GLÄSER)

FERTIG IN 1–2¼ STUNDEN

HALTBAR 6 MONATE

ZUTATEN

1 kg rohe Rote Rüben gleicher Größe, ungeschält

1 l Rotweinessig

225 g Zucker

1 kleines Lorbeerblatt

1 Zimtstange

1 Sternanis

4 schwarze Pfefferkörner

1 TL Meersalz

1 Die Roten Rüben waschen, Blätter abschneiden, dabei aber darauf achten, dass die Rüben nicht verletzt werden (sonst »bluten« sie beim Garen aus). Die Wurzeln belassen.

2 Die restlichen Zutaten in einen großen Topf mit schwerem Boden geben. Behutsam erhitzen und rühren, bis sich der Zucker aufgelöst hat, dann zum Kochen bringen. Die Roten Rüben dazugeben, aufkochen und nach Reduzieren der Hitze mit fest aufgelegtem Deckel je nach Größe 1–2 Stunden garen, bis sie sehr weich sind. In der Garflüssigkeit abkühlen lassen.

3 Die Rüben mit einem Schaumlöffel herausheben. Enden und Spitzen abschneiden. Zum Schälen der Rüben Gummihandschuhe anziehen, um Verfärbungen an den Händen zu vermeiden. Die Rüben in Gläser mit korrosionsbeständigen Deckeln füllen.

4 Die Garflüssigkeit abseihen, wieder in den Topf gießen, zum Kochen bringen und über die Rüben gießen, die vollständig bedeckt sein müssen. Verschließen, abkühlen lassen, etikettieren und für einen Monat an einen kühlen, dunklen Platz stellen, damit sich die Aromen entfalten können. Nach dem Öffnen im Kühlschrank aufbewahren.

Rote Rüben
Dieses süßliche Gemüse ist leicht zu ziehen und wächst rasch. Im Frühjahr gesäte zarte Sommersorten sind im Juni und Juli erntereif.

Chilischoten und Limetten verleihen jedem Pickle Pfiff. Mit seinem frischen Zitrusaroma und den asiatisch anmutenden Gewürzen passt dieses Pickle besonders gut als Beilage zu Currys und anderen würzigen Speisen.

Frisches Limettenpickle

ERGIBT ETWA 1 KG (2 GROSSE GLÄSER)

FERTIG IN 40–50 MINUTEN, PLUS WARTEZEIT

HALTBAR 3 MONATE

ZUTATEN

15 unbehandelte Limetten, gewaschen und in 1 cm große Würfel geschnitten
10 kleine grüne Chilischoten, längs in Streifen geschnitten (wer es scharf mag, kann mehr Chilischoten verwenden oder die Samen mit verwenden)
1 TL Kurkuma
1 EL Meersalz
2 EL Sonnenblumenöl
1 TL Bockshornkleesamen
1 TL Anissamen (ersatzweise Kreuzkümmel- oder Fenchelsamen oder 2 Sternanis)
1 TL Schwarzkümmelsamen
1 TL Cayennepfeffer
5 cm Ingwerwurzel, geschält und gerieben
2 EL Zucker
1 EL Weißweinessig

1 Limetten, Chilischoten, Kurkuma und Salz in eine große Glas- oder Porzellanschüssel geben. Die Zutaten sorgfältig vermischen und über Nacht bei Zimmertemperatur stehen lassen.

2 Das Öl in einem großen Edelstahltopf mit schwerem Boden erhitzen. Bockshornkleesamen, Anissamen, Schwarzkümmel, Cayennepfeffer und Ingwer hinzufügen und unter ständigem Rühren 2–3 Minuten rösten. Limetten und Chilischoten dazugeben und sorgfältig untermischen.

3 Den Topfinhalt etwa 20 Minuten sanft garen, bis er dicklich und weich zu werden beginnt.

4 Den Zucker dazugeben und rühren, bis er sich aufgelöst hat. Den Essig hinzufügen und alles noch einmal 5 Minuten köcheln lassen.

5 Die Mischung etwas abkühlen lassen, dann in noch warme sterilisierte Gläser mit korrosionsbeständigen Deckeln füllen und zusammendrücken, um Lufteinschlüsse zu entfernen. Die Gläser verschließen, etikettieren und für einen Monat an einen kühlen, dunklen Platz stellen, damit sich die Aromen entfalten können. Nach dem Öffnen im Kühlschrank aufbewahren.

Die jungen grünen Walnüsse müssen vor dem Einlegen zunächst in Salzlake ziehen und dann gründlich trocknen. Dabei verfärben sie sich schwarz. Eingelegte Walnüsse sind eine wunderbare Ergänzung zu Blauschimmelkäse.

Eingelegte Walnüsse

ERGIBT ETWA 1 KG
(2 GROSSE GLÄSER)

FERTIG IN 30–35 MINUTEN
PLUS WARTEZEIT

HALTBAR 12 MONATE

ZUTATEN

1 kg junge grüne Walnüsse

400 g Meersalz

Für den Einlegesud

1 l Weißweinessig

2,5 cm Ingwerwurzel, geschält und gerieben

75 g hellbrauner Zucker

2 Zimtstangen

1 Die Nüsse rundum mit einer Nadel oder einem Metallspieß einstechen. 1 Liter warmes Wasser und die Hälfte des Salzes in eine große Glas- oder Porzellanschüssel geben und sorgfältig vermischen. Die Nüsse hineinlegen. Sie sollten vollständig mit Wasser bedeckt sein. Für 5 Tage an einen kühlen Platz stellen, zwischendurch ab und zu umrühren.

2 Die Walnüsse abtropfen lassen und den ersten Arbeitsschritt mit frischem warmem Wasser und dem restlichen Salz wiederholen.

3 Die Walnüsse abtropfen lassen und zum Abtrocknen auf einem sauberen Küchenhandtuch oder Küchenpapier verteilen. Das Abtrocknen dauert mindestens 1–2 Tage, möglicherweise sogar bis zu einer Woche. Während dieser Zeit werden die Nüsse schwarz.

4 Alle Zutaten für den Einlegesud in einen Edelstahltopf geben und 15–20 Minuten köcheln lassen, dabei rühren, bis sich der Zucker aufgelöst hat. Die Walnüsse in noch warme sterilisierte Gläser mit säurebeständigen Deckeln füllen und mit dem Einlegesud aufgießen. Die Nüsse müssen vollständig bedeckt sein. Die Gläser verschließen, etikettieren und für mindestens sechs Wochen an einen kühlen, dunklen Platz stellen, damit sich die Aromen entfalten können. Nach dem Öffnen im Kühlschrank aufbewahren.

Diese leicht karamellisierten Zwiebeln in Balsamessig peppen jedes pikante Gericht auf. Um das Schälen zu erleichtern, übergießt man sie mit kochendem Wasser, lässt sie nach einigen Minuten abtropfen und zieht dann die Schale ab.

Balsamico-Zwiebeln

ERGIBT ETWA 500 G (1 GROSSES GLAS)

FERTIG IN 35–40 MINUTEN

HALTBAR 6 MONATE

ZUTATEN

500 g Schalotten, geschält

einige Thymianzweige

1 EL Olivenöl

175 ml Balsamessig, nach Bedarf auch mehr

1 Den Backofen auf 200 °C (Umluft 180 °C) vorheizen. Schalotten und Thymian in eine ofenfeste Form geben, das Olivenöl hinzufügen und die Schalotten mit den Händen darin wenden, um sie gleichmäßig zu überziehen. Für etwa 20–25 Minuten in den Backofen schieben, bis sie weich sind (sie sollten keinen Biss mehr haben).

2 Den Balsamessig in einen Edelstahltopf gießen, zum Kochen bringen und einige Minuten einkochen lassen, aber nicht zu lange, weil er sonst klebrig wird. Schalotten und Thymian hinzufügen und rühren, um sie gleichmäßig mit dem eingekochten Essig zu überziehen.

3 Die Schalotten mit Essig und Thymian in ein warmes sterilisiertes Glas mit säurebeständigem Deckel füllen. Die Schalotten zusammendrücken und falls nötig noch weiteren Balsamessig dazugießen, damit sie vollständig bedeckt sind. Das Glas verschließen, etikettieren und auf den Kopf stellen, damit sich die Zutaten gut vermischen. Für mindestens zwei Wochen an einen kühlen, dunklen Platz stellen, damit sich die Aromen entfalten können. Nach dem Öffnen im Kühlschrank aufbewahren.

Pickles kalt zubereiten

Einfacher geht es nicht: Zuerst werden die Gemüse gesalzen, damit sie Wasser ziehen und später knackig bleiben, dann legt man sie mit kaltem Essig ein. Für dieses Rezept kann man Mini-Salatgurken oder Einlegegurken verwenden.

Gewürzgurken

ERGIBT ETWA 1 KG (2 GROSSE GLÄSER)

FERTIG IN 20 MINUTEN, PLUS WARTEZEIT

HALTBAR MINDESTENS 6 MONATE

ZUTATEN

500 g kleine Einlegegurken (5–6 cm lang), gewaschen und mit einem Tuch sorgfältig trocken gerieben, um den feinen Flaum zu entfernen

125 g Meersalz

3–4 Schalotten, geschält

1–2 Knoblauchzehen, geschält (nach Belieben)

2–3 getrocknete Chilischoten (nach Belieben)

2–3 Nelken (nach Belieben)

½ TL Koriandersamen, Pfefferkörner, Dillsamen, oder 1 zerbröseltes Lorbeerblatt

2 Stängel Estragon, Dill oder Thymian

1 Weinblatt, abgespült (nach Belieben)

etwa 750 ml Weißweinessig

1 Stiel- und Blütenansatz von den Enden der Gurken abschneiden. Falls die Gläser groß genug sind, die Gurken ganz lassen, andernfalls längs vierteln oder in 3 mm dicke Scheiben schneiden.

2 Eine Schicht Salz in eine Schüssel geben, dann eine Schicht Gurken und wieder eine Schicht Salz. So fortfahren, bis alle Gurken verbraucht sind, mit Salz abschließen. Die Gurken 24 Stunden bei Zimmertemperatur stehen lassen.

3 Die Gurken waschen, um das Salz zu entfernen, und bis 1 cm unter den Rand in sterilisierte Gläser füllen. Schalotten, Knoblauch, Gewürze und Kräuter hinzufügen und, falls gewünscht, den traditionellen Dill. Das Weinblatt hält die Gurken knackig. So viel Essig dazugießen, dass die Gurken vollständig bedeckt sind.

4 Mit säurebeständigen Deckeln verschließen, etikettieren und für 3–4 Wochen an einen kühlen, dunklen Platz stellen, damit sich die Aromen entfalten können. Die Gurken mit einer Holzzange herausnehmen.

CHUTNEYS & PICKLES

Diese süßsauer eingelegten Gurken sind in Amerika sehr beliebt. Sie werden in heißen Essig eingelegt und dadurch recht weich. Zu kräftigem Käse, Sandwiches, Hamburgern und gegrilltem Fleisch eine erfrischende Beilage.

Süßsaure Gurken

ERGIBT ETWA 1,2 KG
(3 MITTELGROSSE GLÄSER)

FERTIG IN 1¼ STUNDEN PLUS WARTEZEIT

HALTBAR 6 MONATE

ZUTATEN

- 1 große Salatgurke, gewürfelt
- 1 große weiße Zwiebel, gehackt
- 1 kleine grüne Paprikaschote, in schmale Streifen geschnitten
- 1 TL Meersalz
- 300 ml Apfelessig
- 225 g hellbrauner Zucker
- ¼ TL Selleriesamen
- ¼ TL Senfkörner
- ¼ TL gemahlene Nelken
- ¼ TL Dill

1 Gurke, Zwiebel und Paprikaschote in eine große Schüssel geben. Das Salz hinzufügen und sorgfältig untermischen. Die Schüssel zugedeckt für mehrere Stunden beiseitestellen.

2 Das Gemüse unter fließendem kaltem Wasser abspülen, abtropfen lassen und in einen großen Edelstahltopf mit schwerem Boden geben. Den Essig hinzufügen und zum Kochen bringen. Den Herd ausschalten.

3 Die restlichen Zutaten in den Topf geben und rühren, bis sich der Zucker aufgelöst hat. Das Pickle abkühlen lassen, in sterilisierte Gläser füllen, mit säurebeständigen Deckeln verschließen und etikettieren. Für mindestens einen Monat an einen kühlen, dunklen Platz stellen, damit sich die Aromen entfalten können. Nach dem Öffnen im Kühlschrank aufbewahren.

Salatgurke
Für dieses Rezept kann man Einlegegurken oder gewöhnliche Salatgurken verwenden.

Hier ist kein Garen erforderlich, und die Zubereitung könnte nicht einfacher sein. Die klassische Mischung mit Blumenkohl und Möhren kann ganz nach persönlichem Geschmack mit anderen Gemüsen abgewandelt werden (s. S. 132–133).

Mixed Pickles

ERGIBT ETWA 500 G (1 GROSSES GLAS)

FERTIG IN 30 MINUTEN PLUS WARTEZEIT

HALTBAR GEKÜHLT 3 MONATE

ZUTATEN

60 g Meersalz

1 kleiner Blumenkohl, in Röschen geteilt

1 große Zwiebel, grob gehackt

2 Möhren, geschält und in Scheiben geschnitten

10 Kirschtomaten

5 ganze Jalapeño-Chilischoten (nach Belieben)

600 ml fertig gewürzter Einlegeessig

1 TL Koriandersamen

1 TL Senfkörner

1. Das Salz mit 600 ml Wasser in eine große Schüssel geben und sorgfältig verrühren. Die Gemüse dazugeben und zugedeckt über Nacht stehen lassen. Sollten die Gemüse nach dem Abtropfen noch mehr als 500 g wiegen, müssen sie noch einmal in frische Lake (10 g Salz pro 100 ml Wasser) eingelegt werden.

2. Den Essig in einem Krug mit Koriandersamen und Senfkörnern vermischen und beiseitestellen.

3. Die Gemüse unter fließendem kaltem Wasser abspülen, abtropfen lassen und mit einem sauberen Küchenhandtuch oder Küchenpapier trocken tupfen. In ein sterilisiertes Glas mit säurebeständigem Deckel füllen und mit dem gewürzten Essig übergießen. Da die Gemüse vollständig bedeckt sein müssen, bei Bedarf etwas mehr Essigmischung auffüllen. Verschließen, etikettieren und für 2 Tage bei Zimmertemperatur stehen lassen, dann noch mindestens eine Woche im Kühlschrank ruhen lassen. Auch nach dem Öffnen gekühlt aufbewahren.

Süßsauer eingelegter Rotkohl

Für dieses intensiv gefärbte süßliche Pickle, das knackig und angenehm würzig ist, sollte am besten ein Glas mit breiter Öffnung verwendet werden, das sich leicht befüllen lässt. Der eingelegte Rotkohl passt gut zu kaltem Fleisch oder Salat.

ERGIBT ETWA 1 KG (2 GROSSE GLÄSER)

FERTIG IN 30 MINUTEN PLUS WARTEZEIT

HALTBAR GEKÜHLT 3 MONATE

ZUTATEN

- 675 g Rotkohl, nach Entfernen des Strunks in Streifen geschnitten
- 1 rote Zwiebel, in Scheiben geschnitten
- 3 EL Meersalz
- 600 ml Weißweinessig
- 125 g heller Muscovado-Zucker oder Haushaltszucker
- 1 TL Senfkörner
- 1 TL Koriandersamen

1 Kohl und Zwiebel in eine große Glas- oder Porzellanschüssel legen und mit dem Salz bestreuen. Die Zutaten vermischen, bis das Gemüse mit Salz überzogen ist. In einen Durchschlag geben, mit einem Teller beschweren, auf eine Schüssel setzen und über Nacht stehen lassen – der Kohl sollte möglichst viel Wasser ziehen. Den Essig in einen großen Krug gießen. Zucker und Gewürze hinzufügen und mit dem Schneebesen rühren, bis sich der Zucker aufgelöst hat. Zugedeckt über Nacht stehen lassen.

2 Kohl und Zwiebel unter fließendem kaltem Wasser abspülen, um das Salz zu entfernen, dann auf einem sauberen Küchenhandtuch oder Küchenpapier gründlich abtropfen lassen.

3 Das Gemüse dicht in noch warme sterilisierte Gläser mit säurebeständigen Deckeln füllen. Den Essig umrühren und die Gemüse vollständig damit bedecken. Die Gläser verschließen, etikettieren und für eine Woche an einem kühlen, dunklen Platz und dann für mindestens einen Monat im Kühlschrank ruhen lassen, damit sich die Aromen entfalten können. Auch nach dem Öffnen gekühlt aufbewahren.

Rotkohl
Die Blätter des Rotkohls haben ein köstlich pfeffriges Aroma. Rotkohl wird von Mai an gezogen und im Herbst geerntet.

Das Garen der Roten Rüben im Backofen intensiviert ihren Geschmack, man kann sie aber auch etwa 40 Minuten in einem Topf mit Salzwasser kochen. Sie sind gar, wenn sie sich mit einem Messer leicht einstehen lassen.

Rote-Rüben-Pickle

ERGIBT ETWA 1 KG (2 GROSSE GLÄSER)

FERTIG IN 1–1½ STUNDEN

HALTBAR 6 MONATE

ZUTATEN

1 kg rohe Rote Rüben, gewaschen und gebürstet

600 ml Einlegeessig

50 g Zucker (nach Belieben)

1 Prise Chiliflocken (nach Belieben)

1 Den Backofen auf 200 °C (Umluft 180 °C) vorheizen. Die Roten Rüben in eine ofenfeste Form legen und 50–90 Minuten im Backofen garen, bis sie sich mit einem Messer leicht einstechen lassen. Herausnehmen und abkühlen lassen.

2 Wenn sie ausreichend abgekühlt sind, die Knollen schälen und vierteln oder in Scheiben schneiden. In noch warme sterilisierte Gläser mit säurebeständigen Deckeln schichten und vollständig mit dem Essig bedecken (für ein etwas süßeres Pickle vorher den Zucker in den Essig rühren). Sofern verwendet die Chiliflocken hinzufügen und die Gläser verschließen und etikettieren.

3 Die Gläser leicht schütteln, damit sich die Zutaten vermischen, und für mindestens einen Monat an einen kühlen, dunklen Platz stellen. Nach dem Öffnen im Kühlschrank aufbewahren.

Eingemachte Gaumenfreuden wie Früchte in Sirup, Säfte, Ketchup und Saucen sind die Highlights im Vorratsregal. Ganz besonders köstlich und dabei völlig unkompliziert herzustellen sind eingelegte Früchte in Alkohol. Selbst Eingemachtes ist immer von besserer Qualität als fertig gekaufte Produkte. Wir schätzen es für seinen unverfälschten Geschmack. Um es lange haltbar zu machen, wird es sterilisiert. Wie das geht, zeigen wir Ihnen auf Seite 18–19, wo auch allgemeine Informationen zum Einkochen zu finden sind.

148 EINGEMACHTE GAUMENFREUDEN

Die besten Zutaten zum …
Einmachen

Fast alle Früchte lassen sich gut einmachen, ob in Sirup oder Alkohol oder zu natürlichem Sirup und Saft verarbeitet. Greifen Sie zu, wenn die Früchte Saison haben, oder verwerten Sie Obst aus dem Garten.

Feigen
Aromatische reife, aber feste grüne oder blaue Früchte wählen und in Sirup einmachen (Zitronensaft hinzufügen) oder in den Rumtopf geben. Mit Vanille oder Ingwer aromatisieren. Saison ist im Sommer und Herbst.

Renekloden
Augen auf – die Saison für diese Früchte ist ausgesprochen kurz. Im August sind sie reif und werden am besten in Sirup konserviert.

Heidelbeeren
Wie andere Beeren kann man sie ausgezeichnet in Sirup einkochen, in den Rumtopf geben oder zu gesunden, vitaminreichen Säften verarbeiten.

Nektarinen
Wie Pfirsiche und Aprikosen schmecken sie als Saft, in Sirup eingemacht oder in Alkohol eingelegt köstlich. Reife, frisch geerntete Früchte verwenden.

Kirschen
Frische reife Süßkirschen oder Schattenmorellen können in Sirup eingemacht oder dem Rumtopf hinzugefügt werden – noch besser schmecken sie aber in Weinbrand eingelegt.

Birnen
Wie Quitten schmecken Birnen mit Ingwer, Sternanis, Zimt oder Kardamom in Sirup eingemacht köstlich. Auch für die Likörherstellung schätzt man sie sehr.

Himbeeren
Klassische Frucht für einen Rumtopf und perfekt für Likör und Saft geeignet, da ihr Aroma dort noch intensiver ist, als in Sirup eingemacht.

DIE BESTEN ZUTATEN ZUM EINMACHEN

Pflaumen
Alle Pflaumenarten lassen sich gut in Sirup einkochen. Steinfrüchte vor dem Einmachen halbieren und entsteinen.

Clementinen
Süße Zitrusfrucht mit lockerer Schale, die sich leicht entfernen lässt. Clementinen in Sirup einmachen, in Alkohol einlegen oder zur Saftherstellung verwenden.

Kumquats
Sie haben eine dünne weiche Schale und lassen sich ausgezeichnet einlegen. Roh sind sie recht sauer. Die Saison für Kumquats ist im Winter.

EINMACHMETHODEN

Beim Einkochen in heißem Sirup Früchte für die angegebene Dauer erhitzen (s. S. 19). Die Tabelle zeigt auch, ob Früchte für Säfte und Sirup oder das Einlegen in Alkohol geeignet sind.

OBSTSORTE	IN SIRUP EINGEKOCHT		SÄFTE UND SIRUP	EINLEGEN IN ALKOHOL
	Ofenmethode Minuten bei 150 °C	Wasserbadmethode Garzeit in Minuten; von warm (38 °C) bis zum Köcheln (88 °C) in 25–30 Minuten erhitzen		
Äpfel	30–40	2	Ja	Nein
Aprikosen	40–50	10	Ja	Ja
Birnen	60 (halbiert)	40	Ja	Ja
Boysenbeeren	30–40	2	Ja	Ja
Brombeeren	30–40	2	Ja	Ja
Cranberrys	30–40	2	Ja	Ja
Erdbeeren	30–40	2	Ja	Ja
Feigen (mit Zitronensaft)	40	60–70	Nein	Ja
Heidelbeeren	30–40	2	Ja	Ja
Himbeeren	30–40	2	Ja	Ja
Johannisbeeren	30–40	2	Ja	Ja
Kirschen	40–50	10	Ja	Ja
Kumquats	30–40	10	Nein	Ja
Loganbeeren	30–40	2	Ja	Ja
Maronen	50–60		Nein	Nein
Maulbeeren	30–40	2	Ja	Ja
Melone (mit Zitronensaft)	40–50		Nein	Nein
Nektarinen und Pfirsiche	50–60 (halbiert)	20	Ja	Ja
Pflaumen, Zwetschen	50–60 (halbiert)	20	Nein	Ja
Quitten	40–50	30	Ja	Ja
Renekloden, Mirabellen	50–60	20	Nein	Nein
Rhabarber	40–50	10	Ja	Ja
Stachelbeeren	30–40	10	Ja	Ja
Taybeeren	30–40	2	Ja	Ja
Wassermelone	40–50		Nein	Nein
Zitrusfrüchte	30–40	10	Ja	Ja

TOMATEN EINMACHEN

Anders als andere Gemüse lassen sich Tomaten hervorragend einkochen und bewahren dabei ihr volles Aroma. 1 kg sehr reife kleine Tomaten verwenden und nach Entfernen der Stiele in einer Schüssel mit 2 EL Zitronensaft, 2 TL Salz und 1 TL Zucker vermischen. Tomaten dicht gepackt in zwei frisch sterilisierte Gläser füllen, ohne sie zu quetschen. Verbliebene Flüssigkeit auf die Gläser verteilen. Die Gläser verschließen und die Tomaten im 150 °C heißen Backofen 60–70 Minuten einkochen oder im 88 °C heißen Wasserbad 40 Minuten. Abkühlen lassen, die Deckel prüfen und die Gläser an einen kühlen, dunklen Platz stellen. Die Tomaten sind bis zu zwölf Monate haltbar.

Obst in Sirup einkochen

Eingemachtes Obst hat einen ganz eigenen Charme. Alle Früchte können auf diese Weise konserviert werden, und viele schmecken eingemacht besser als tiefgekühlt. Aber nur durch Erhitzen (s. S. 19) werden sie lange haltbar.

Pfirsiche in Sirup

ERGIBT ETWA 1 KG (2 KLEINE EINMACHGLÄSER)

FERTIG IN 15 MINUTEN PLUS WARTEZEIT

HALTBAR 12 MONATE

ZUTATEN

etwa 125 g Zucker

4–5 gerade reife Pfirsiche

aufgeschlagene Pfirsichkerne (nach Belieben)

ZUCKERSIRUP

Je nach Säuregehalt der Früchte und nach Geschmack einen dünnen, mitteldicken oder dicken Sirup verwenden:

Dünner Sirup 115 g Zucker auf 600 ml Wasser
Mitteldicker Sirup 175 g Zucker auf 600 ml Wasser
Dicker Sirup 250 g Zucker auf 600 ml Wasser

Der Sirup kann zudem mit Gewürzen wie Sternanis, Zimt oder Nelken, Duftgeranienblättern oder einer aufgeschlitzten Vanilleschote aromatisiert werden.

Zucker und Wasser bei niedriger Temperatur zum Kochen bringen und rühren, bis sich der Zucker aufgelöst hat, dann den Sirup 1–2 Minuten kochen lassen.

1 Für den Sirup (siehe Kasten) den Zucker mit 600 ml Wasser in einem Topf behutsam zum Kochen bringen und 1–2 Minuten kochen lassen.

2 Die Pfirsiche schälen (bei Bedarf für 30 Sekunden in kochendes Wasser legen), halbieren und entsteinen. Falls gewünscht einige Steine aufschlagen (s. S. 21).

3 Sterilisierte Einmachgläser in die Fettpfanne des Backofens stellen und bis 1 cm unter den Rand füllen. Die Kerne dazugeben. Mit dem heißem Sirup aufgießen.

4 Die Gläser behutsam schwenken, um Luftblasen zu entfernen, dann verschließen (Schraubverschlüsse um eine Vierteldrehung lockern) und erhitzen (s. S. 19).

5 Schraubdeckel sofort nach dem Einkochen festziehen, nach 24 Stunden prüfen. Klammern von Glasdeckeln entfernen. Die Gläser an einen kühlen, dunklen Platz stellen.

Beeren mit ihrem hohen Gehalt an Antioxidantien stärken das Immunsystem. Man serviert sie mit etwas Vanillesahne oder reicht sie abgetropft anstelle der üblichen Preiselbeeren zu Truthahn, gebratenem Wild oder Schinken.

Beeren in Limettensirup

ERGIBT ETWA 1 L
(2 KLEINE EINMACHGLÄSER)

FERTIG IN 65 MINUTEN

HALTBAR EINGEKOCHT 12 MONATE

ZUTATEN

500 ml dicker Sirup (s. S. 150)

¼ unbehandelte Limette, die Schale dünn abgehobelt oder abgerieben

250 g Cranberrys

250 g Heidelbeeren

1 Einen dicken Sirup herstellen, die Limettenschale gleich zu Beginn mit in den Topf geben.

2 Die Beeren waschen, mit Küchenpapier trocken tupfen und vermischen. Die frisch sterilisierten Einmachgläser auf ein Tuch oder ein Holzbrett stellen. Die Früchte möglichst dicht hineinfüllen, ohne sie zu quetschen. Am oberen Rand der Gläser 1 cm Platz lassen.

3 Den kochenden Sirup mit der Limettenschale über die Beeren gießen, sodass sie vollständig bedeckt sind. Die Gläser behutsam auf das Brett oder die Arbeitsfläche aufstoßen, um Luftblasen zu entfernen. Oben schwimmende Beeren mit dem Rücken eines sterilisierten Metalllöffels wieder herunterdrücken. Einmachgummis oder Metalldeckel aufsetzen und die Gläser verschließen. Schraubverschlüsse nach dem Festdrehen um eine Vierteldrehung lockern.

4 Die Beeren nach einer der Methoden auf S. 19 für die erforderliche Zeit einkochen (s. S. 149), dann Schraubverschlüsse anziehen. Nach 24 Stunden prüfen, ob die Deckel fest sitzen. (Bei manchen Schraubgläsern mit Metalldeckeln ist sofort oder bald nach dem Einkochen zu sehen, ob ein Vakuum entstanden ist, da sich der Deckel leicht nach innen wölbt.) An einen kühlen, dunklen Platz stellen, nach dem Öffnen im Kühlschrank aufbewahren.

Maronen in Vanillesirup

Es dauert eine Weile, bis man alle Maronen geschält hat, aber die Mühe lohnt sich. Wenn die aufgeschlitzten Vanilleschoten schon bei der Herstellung des Sirups hinzugefügt werden, entwickelt sich das Vanillearoma noch besser.

ERGIBT ETWA 1 L (2 KLEINE EINMACHGLÄSER)

FERTIG IN 1 STUNDE 55 MINUTEN

HALTBAR EINGEKOCHT 12 MONATE

ZUTATEN

400–600 ml mitteldicker Sirup (s. S. 150), mit hellbraunem Zucker zubereitet

2 Vanilleschoten, längs aufgeschnitten

900 g frische Maronen

Maronen
Beim Sammeln von Maronen im Herbst empfiehlt es sich, Gartenhandschuhe zu tragen, um die Früchte aus ihrer stacheligen Hülle lösen zu können.

1 Den Sirup herstellen und, falls gewünscht, gleich zu Beginn die Vanilleschoten in den Topf geben.

2 Die Schalen der Maronen einritzen. Die Maronen in einem Topf mit Wasser bedecken und zum Kochen bringen. 20 Minuten köcheln lassen. Abgießen.

3 Mit einem kleinen scharfen Messer die harte Außenschale und die pelzige Haut der Maronen entfernen. Sollten sie zu sehr abkühlen, die Maronen noch einmal kurz erhitzen. Kalt lassen sie sich schlecht schälen.

4 Die Maronen in noch warme sterilisierte Einmachgläser füllen, oben 1 cm Platz lassen. Die Vanilleschoten dazwischenschieben. Den Sirup zum Kochen bringen und über die Maronen gießen, sodass sie vollständig bedeckt sind (bei Bedarf mehr Sirup zubereiten). Die Gläser behutsam auf die Arbeitsfläche aufstoßen, um Luftblasen zu entfernen. Einmachgummis oder Metalldeckel aufsetzen und die Gläser verschließen. Schraubverschlüsse nach dem Festdrehen um eine Vierteldrehung lockern.

5 Die Maronen nach einer der Methoden auf S. 19 für die erforderliche Zeit einkochen (s. S. 149), Schraubverschlüsse anziehen. Nach 24 Stunden prüfen, ob die Deckel fest sitzen. (Bei manchen Schraubgläsern mit Metalldeckeln ist sofort oder bald nach dem Einkochen zu sehen, ob sich ein Vakuum gebildet hat, da sich der Deckel leicht nach innen wölbt.) An einen kühlen, dunklen Platz stellen, nach dem Öffnen im Kühlschrank aufbewahren.

Feigen in Honigsirup

Obwohl Feigen beim Einmachen ihre leuchtende Farbe verlieren, werden sie durch das Konservieren mit Honigsirup und Zitronenschale noch leckerer. Genießen Sie sie mit Fetakäse als Vorspeise oder mit sahnigem Joghurt zum Dessert.

ERGIBT ETWA 1 L
(2 KLEINE EINMACHGLÄSER)

FERTIG IN 1 STUNDE

HALTBAR EINGEKOCHT 12 MONATE

ZUTATEN

250 ml flüssiger Honig

2 dünn abgehobelte Streifen Schale von einer unbehandelten Zitrone (etwa 1 cm breit)

Saft von 1 Zitrone (2 EL)

etwa 16 kleine Feigen (oder 12 größere Feigen)

1 Honig, 500 ml kaltes Wasser und die Zitronenschale in einen Topf geben, behutsam erhitzen und rühren, bis sich der Honig aufgelöst hat. Zum Kochen bringen und 3 Minuten kochen lassen.

2 In der Zwischenzeit die Feigen waschen und abtrocknen, dann in den Sirup geben und 2 Minuten kochen lassen. Die Früchte mit einem Schaumlöffel herausheben und dicht an dicht in noch warme sterilisierte Einmachgläser füllen, ohne sie zu quetschen. Die Zesten aus dem Sirup heben und wegwerfen. Den heißen Sirup über die Feigen gießen – sie müssen vollständig bedeckt sein. Die Gläser behutsam auf ein Holzbrett oder die Arbeitsfläche aufstoßen, um Luftblasen zu entfernen.

3 Einmachgummis oder Metalldeckel aufsetzen und die Gläser verschließen. Schraubverschlüsse nach dem Festdrehen um eine Vierteldrehung lockern.

4 Die Feigen nach einer der Methoden auf S. 19 für die erforderliche Zeit einkochen (s. S. 149), dann Schraubverschlüsse anziehen. Nach 24 Stunden prüfen, ob die Deckel fest sitzen. (Bei manchen Schraubgläsern mit Metalldeckel ist sofort oder bald nach dem Einkochen zu sehen, ob sich ein Vakuum gebildet hat, da sich der Deckel dann leicht nach innen wölbt.) An einen kühlen, dunklen Platz stellen und nach dem Öffnen im Kühlschrank aufbewahren.

EINGEMACHTE GAUMENFREUDEN

Bei diesem Rezept werden die Früchte mit Wasser konserviert und später nach Bedarf gesüßt – je nachdem, ob das Obst für Kuchen, Kompott oder einen anderen Zweck verwendet werden soll. Die Apfelscheiben sorgfältig in Zitronensaft wenden.

Rhabarber mit Äpfeln

ERGIBT ETWA 1 L
(2 KLEINE EINMACHGLÄSER)

FERTIG IN 1 STUNDE

HALTBAR EINGEKOCHT 12 MONATE

ZUTATEN

500 g Rhabarber

2 mittelgroße Kochäpfel oder zum Garen geeignete Tafeläpfel (etwa 350 g)

4 EL Zitronensaft

1 Den Rhabarber putzen und in kurze Stücke schneiden. Die Äpfel schälen und nach Entfernen des Kerngehäuses in Scheiben schneiden, dann sofort in Zitronensaft wenden, damit sie sich nicht verfärben.

2 Die Früchte in noch warme sterilisierte Einmachgläser füllen und die Gläser mit reichlich Abstand auf ein Backblech setzen. Das Blech mit den unverschlossenen Gläsern sofort für 50 Minuten in den auf 130 °C (Umluft 110 °C) vorgeheizten Backofen schieben.

3 Die Gläser nacheinander herausnehmen und rasch bis zum Rand mit kochendem Wasser füllen, sodass die Früchte bedeckt sind, dann sofort fest verschließen. Nach 24 Stunden prüfen, ob die Deckel fest sitzen (s. S. 19). An einen kühlen, trockenen Platz stellen und nach dem Öffnen im Kühlschrank aufbewahren.

Äpfel
Wenn Sie große Mengen an sauren Äpfeln verwerten möchten, können Sie den Rhabarber weglassen.

Probieren Sie diese eingemachten Quitten mit Vanilleeis, Frischkäse oder Crème fraîche. Sie schmecken aber auch gehackt oder püriert als Beilage zu Wild, Schweinebraten oder Ente serviert ganz köstlich.

Quitten in Gewürzsirup

ERGIBT ETWA 1 L
(2 KLEINE EINMACHGLÄSER)

FERTIG IN 1 STUNDE 15 MINUTEN

HALTBAR EINGEKOCHT 12 MONATE

ZUTATEN

900 g Quitten, gewaschen und abgebürstet

1 EL Zitronensaft

275 g Zucker

2 Sternanis, 1 Zimtstange oder 2 Nelken

1. Die Quitten mit 600 ml Wasser in einen großen Topf geben, zum Kochen bringen und 2 Minuten kochen lassen, damit sie weicher werden. Mit einem Schaumlöffel aus dem Topf heben und in kaltes Wasser legen. Das Wasser im Topf aufbewahren. Die Quitten schälen, entkernen, vierteln und sofort in eine Schüssel mit kaltem Wasser und dem Zitronensaft legen, damit sie sich nicht verfärben.

2. Den Zucker in das aufbewahrte Kochwasser geben und behutsam erhitzen, bis er sich aufgelöst hat, gut umrühren. Die Quittenviertel abtropfen lassen und mit dem Sternanis in den Sirup geben. Zum Kochen bringen und bei reduzierter Temperatur zugedeckt 12–15 Minuten pochieren, bis die Früchte gerade weich sind.

3. Die Quitten dicht an dicht in noch warme sterilisierte Einmachgläser füllen, oben 1 cm Platz lassen. Den Sirup wieder zum Kochen bringen und über die Früchte gießen. Die Gläser behutsam auf einem Holzbrett aufstoßen, um Luftblasen zu entfernen. Einmachgummis oder Metalldeckel aufsetzen und die Gläser verschließen. Schraubverschlüsse nach dem Festdrehen um eine Vierteldrehung lockern.

4. Die Quitten nach einer der Methoden auf S. 19 für die erforderliche Zeit einkochen (s. S. 149), dann Schraubverschlüsse anziehen. Nach 24 Stunden prüfen, ob die Deckel fest sitzen. Die Gläser an einen kühlen, dunklen Platz stellen und nach dem Öffnen im Kühlschrank aufbewahren.

Quitten
Als Verwandte von Birnen und Äpfeln haben Quitten eine ähnliche Form, häufig aber Flaum auf der Schale und sehr hartes Fruchtfleisch. Die Früchte von Zierquitten sind in der Regel ebenfalls essbar.

Nach diesem Rezept können Zitrusfrüchte aller Art verarbeitet werden. Sollten Sie Orangen vorziehen, sechs Früchte schälen und in Scheiben schneiden, dann wie im Rezept fortfahren. Mit steif geschlagener Sahne ein köstliches Blitzdessert.

Clementinen in Karamellsirup

ERGIBT ETWA 1 L
(1 GROSSES EINMACHGLAS)

FERTIG IN 25 MINUTEN

HALTBAR EINGEKOCHT 12 MONATE

ZUTATEN

175 g Zucker

10 kleine Clementinen, geschält, weiße Schale sorgfältig mit einem Messer abgeschabt

1 Den Zucker mit 100 ml kaltem Wasser in einen mittelgroßen Topf geben, gut umrühren und dann ohne Rühren erhitzen, bis er sich aufgelöst hat. Zum Kochen bringen und 5–10 Minuten kräftig kochen lassen, bis der Karamell tief goldbraun ist.

2 Die Hände schützen (der Karamell spritzt) und 200 ml heißes Wasser dazugießen. Rühren, bis sich der Karamell aufgelöst hat, dann wieder zum Kochen bringen.

3 Die Früchte dicht an dicht in ein frisch sterilisiertes Einmachglas füllen, ohne sie zu quetschen, oben 1 cm frei lassen.

4 Das Glas mit heißem Sirup auffüllen. Behutsam auf der Arbeitsfläche aufstoßen, um Lufteinschlüsse zu entfernen. Nötigenfalls noch Sirup nachfüllen. Einmachgummi oder Metalldeckel aufsetzen und das Glas verschließen. Schraubverschluss nach dem Festdrehen um eine Vierteldrehung lockern.

5 Die Clementinen nach einer der Methoden auf S. 19 für die erforderliche Zeit einkochen (s. S. 149), dann Schraubverschluss anziehen. Nach 24 Stunden prüfen, ob der Deckel fest sitzt. Das Glas an einen kühlen, dunklen Platz stellen, nach dem Öffnen im Kühlschrank aufbewahren.

EINGEMACHTE GAUMENFREUDEN

Hier werden die Früchte ohne Zusatz von Zucker in Apfelsaft eingemacht. (Dies ist bei allen Rezepten möglich, in denen dünner Sirup angegeben ist.) Sie können für dieses Rezept aber auch einen dünnen Zuckersirup verwenden (s. S. 150).

Rote Sommerfrüchte in Apfelsaft

ERGIBT ETWA 1 L
(2 KLEINE EINMACHGLÄSER)

FERTIG IN 1 STUNDE 15 MINUTEN

HALTBAR EINGEKOCHT 12 MONATE

ZUTATEN

500 g gemischte rote Früchte (z.B. Kirschen, Erdbeeren, Himbeeren und Rote Johannisbeeren)

500 ml Apfelsaft

1 Kirschen halbieren und entsteinen oder nur entsteinen. Erdbeeren putzen, kleine Früchte ganz lassen, große halbieren oder vierteln. Johannisbeeren mit einer Gabel von den Stielen streifen.

2 Den Apfelsaft in einen Topf geben, zum Kochen bringen und 2 Minuten kochen lassen.

3 Die Früchte vermischen. Noch warme sterilisierte Einmachgläser auf ein Tuch oder Holzbrett stellen. Die Früchte möglichst dicht in die Gläser schichten, ohne sie zu quetschen, oben 1 cm Platz lassen.

4 Den kochenden Saft über die Früchte gießen, sodass sie vollständig bedeckt sind (aufsteigende Früchte mit einem sterilisierten Löffel herunterdrücken). Die Gläser behutsam auf dem Brett aufstoßen, um Luftblasen zu entfernen. Einmachgummis oder Metalldeckel aufsetzen und die Gläser verschließen. Schraubverschlüsse nach dem Festdrehen um eine Vierteldrehung lockern.

5 Die Früchte nach einer der Methoden auf S. 19 für die erforderliche Zeit einkochen (s. S. 149), dann Schraubverschlüsse anziehen. Nach 24 Stunden prüfen, ob die Deckel fest sitzen. An einen kühlen, dunklen Platz stellen, nach dem Öffnen im Kühlschrank aufbewahren.

Wassermelone mit frischem Ingwer

Zitronensaft ist beim Einmachen von Wassermelone unverzichtbar. Für noch mehr Aroma kann man dem Sirup bei der Herstellung einige Orangenscheiben hinzufügen und diese dann zwischen den Melonenstücken in den Gläsern verteilen.

ERGIBT ETWA 1 L
(2 KLEINE EINMACHGLÄSER)
FERTIG IN 1 STUNDE 10 MINUTEN
HALTBAR EINGEKOCHT 12 MONATE

ZUTATEN

1 kleine Wassermelone

2,5 cm Ingwerwurzel

140 g Zucker

2 EL Zitronensaft

1 Die Melone halbieren und die Samen entfernen. Das Fleisch mit einem Kugelausstecher herauslösen oder nach Entfernen der Schale in mundgerechte Stücke schneiden.

2 Den Ingwer schälen und mit einem Hobel oder scharfen Messer in hauchdünne Scheiben schneiden.

3 Aus 300 ml Wasser, Ingwer, Zucker und Zitronensaft einen Sirup herstellen (s. S. 150). Die Melone hinzufügen und 2 Minuten kochen lassen. Noch warme sterilisierte Einmachgläser auf ein Tuch oder Holzbrett stellen. Die Fruchtstücke mit einem Schaumlöffel bis 1 cm unter den Rand in die Gläser füllen, ohne sie zu quetschen.

4 Die Gläser mit heißem Sirup auffüllen und behutsam aufstoßen, um Luftblasen zu entfernen. Bei Bedarf mehr Sirup dazugeben. Einmachgummis oder Metalldeckel aufsetzen und die Gläser verschließen. Schraubverschlüsse nach dem Festdrehen um eine Vierteldrehung lockern.

5 Die Melone nach einer der Methoden auf S. 19 für die erforderliche Zeit einkochen (s. S. 149), dann Schraubverschlüsse anziehen. Nach 24 Stunden prüfen, ob die Deckel fest sitzen. Die Gläser an einen kühlen, dunklen Platz stellen und nach dem Öffnen im Kühlschrank aufbewahren.

162 EINGEMACHTE GAUMENFREUDEN

Obst in Alkohol einlegen

In Alkohol – Weinbrand, Rum, Whisky, Wodka oder Gin – eingelegte Früchte schmecken herrlich. Vor allem Beeren, Pflaumen und Kirschen finden hier ihre Bestimmung. Die Früchte mit dem Alkohol zu Desserts reichen.

Kirschen in Weinbrand

ERGIBT ETWA 750 ML (1 MITTLERES EINMACHGLAS)
FERTIG IN 10 MINUTEN
HALTBAR 12 MONATE UND LÄNGER

ZUTATEN

500 g gerade reife makellose Kirschen (Süßkirschen oder Schattenmorellen), entstielt und gewaschen

etwa 175 g Zucker

etwa 350 ml Weinbrand

1 Die Kirschen dicht an dicht in noch warme sterilisierte Gläser mit breiter Öffnung füllen, ohne sie zu quetschen oder zu beschädigen.

2 Die Gläser zu einem Drittel mit Zucker füllen, dann mit Weinbrand aufgießen. (Üblicherweise wird ¼–⅓ der Fruchtmenge an Zucker und ¾–⅔ an Alkohol verwendet.)

3 Die Gläser behutsam auf einem Brett aufstoßen und schwenken, um Luftblasen zu entfernen, dann verschließen. Der Zucker wird sich nach und nach auflösen – es geht schneller, wenn man die Gläser hin und wieder schüttelt oder auf den Kopf stellt.

4 Die Gläser vor dem Öffnen für zwei bis drei Monate an einem kühlen, dunklen Platz ruhen lassen.

EINGEMACHTE GAUMENFREUDEN

Einen Rumtopf beginnt man mit den ersten Lieblingsfrüchten, die im Sommer reifen, dann kommt im Laufe des Zeit weiteres Obst hinzu, bis der Topf voll ist. Wer keinen speziellen Rumtopf besitzt, verwendet einen sterilisierten Steinguttopf mit Deckel.

Rumtopf

ERGIBT 1 RUMTOPF ODER STEINGUT-TOPF

FERTIG IN JEWEILS 10 MINUTEN

HALTBAR AM BESTEN INNERHALB VON 12 MONATEN VERBRAUCHEN

ZUTATEN

verschiedene frische, weiche, reife Früchte wie Beerenobst, Weintrauben, Birnen und Steinfrüchte

Zucker (Menge siehe Anleitung)

Rum (Menge siehe Anleitung)

1 Früchte wie Birnen schälen und halbieren und Kerngehäuse oder Steine entfernen. Große Früchte in Scheiben schneiden, kleine Früchte wie Kirschen, Aprikosen oder Pflaumen halbieren. Beerenobst und Weintrauben ganz lassen.

2 Die vorbereiteten Früchte wiegen, dann die halbe Menge Zucker abwiegen. Die Früchte mit dem Zucker in das sterilisierte Gefäß geben. Alles gut vermischen und für 1 Stunde beiseitestellen.

3 So viel Rum dazugießen, dass die Früchte gerade bedeckt sind. Mit einem sterilisierten Teller beschweren, damit die Früchte eingetaucht bleiben. (Sollte die Öffnung des Gefäßes recht schmal sein, mehrere kleine Untertassen überlappend darauflegen).

4 Das Gefäß mit Klarsichtfolie verschließen und mit aufgelegtem Deckel an einen kühlen, dunklen Platz stellen.

5 Beim Hinzufügen weiterer Früchte diese stets mit der halben Menge Zucker vermischen, in das Gefäß geben und mit Rum bedecken. Wenn alle gewünschten Früchte beisammen sind (das Gefäß muss nicht voll sein), den Rumtopf vor dem Verzehr für mindestens einen Monat an einen kühlen Platz stellen, am besten schmeckt er jedoch nach drei Monaten.

Birnen
Früchte für den Rumtopf sollten aromatisch und reif, aber nicht überreif sein. Sorten wie 'Comice' und 'Conference' sind voller Aroma.

Wer Gewürze mag, fügt den Pflaumen beim Einfüllen in die Gläser eine Zimtstange oder Sternanis hinzu. Nach dieser Methode können auch Zwetschen und Renekloden konserviert werden. Nach dem Öffnen innerhalb von zwei Wochen verbrauchen.

Pflaumen in Weinbrand

ERGIBT ETWA 1 L
(2 KLEINE EINMACHGLÄSER)
FERTIG IN 10 MINUTEN
HALTBAR 12 MONATE

ZUTATEN

etwa 500 g Pflaumen

etwa 175 g Zucker

etwa 350 ml Weinbrand

1 Die Früchte mit einer Gabel oder Stopfnadel einstechen, nur große Früchte halbieren und entsteinen. Die Früchte dicht an dicht in sterilisierte Gläser füllen, ohne sie aber zu quetschen oder zu beschädigen.

2 Die Gläser zu einem Drittel mit Zucker füllen. So viel Weinbrand dazugießen, dass die Gläser ganz gefüllt sind. Die Gläser behutsam auf einem Holzbrett aufstoßen und schwenken, um Luftblasen zu entfernen, dann verschließen. Die Gläser mehrmals auf den Kopf drehen, um den Zucker besser zu verteilen.

3 Der Zucker wird sich nach und nach auflösen. Die Gläser gelegentlich schütteln, damit es schneller geht.

4 Die Pflaumen für zwei bis drei Monate an einem kühlen, dunklen Platz ruhen lassen, damit sich die Aromen entfalten können. Nach dem Öffnen im Kühlschrank aufbewahren.

Pflaumen
Größe, Farbe und Süße von Pflaumen sind sehr unterschiedlich. Verwenden Sie Tafelpflaumen wie 'Opal', 'The Czar' oder 'Königin Victoria'.

EINGEMACHTE GAUMENFREUDEN

Die Zugabe einiger Kardamomkapseln verleiht diesen Früchten einen herrlichen Duft. Sie schmecken großartig zu dunklem Schokoladeneis, die Einlegeflüssigkeit ergibt einen feinen Orangenlikör. Der Wodka kann durch Weinbrand ersetzt werden.

Kumquats in Wodka

ERGIBT ETWA 1 L (1 GROSSES EINMACHGLAS)
FERTIG IN 10 MINUTEN
HALTBAR 12 MONATE

ZUTATEN

500 g Kumquats, gewaschen, abgebürstet und abgetrocknet

6 Kardamomkapseln, aufgebrochen (nach Belieben)

etwa 175 g Zucker

etwa 360 ml Wodka

1 Die Früchte mit einem Zahnstocher rundum einstechen und möglichst dicht in ein sterilisiertes Glas füllen, ohne sie zu quetschen oder zu beschädigen.

2 Die Kardamomkapseln, falls verwendet, hinzufügen und das Glas zu einem Drittel mit Zucker füllen, dann bis zum Rand mit Wodka aufgießen. Das Glas behutsam auf der Arbeitsfläche aufstoßen und schwenken, um Luftblasen zu entfernen. Mit einem fest sitzenden Deckel verschließen.

3 Das Glas mehrmals auf den Kopf drehen, damit sich der Zucker besser verteilt. Der Zucker wird sich nach und nach auslösen. Das Glas während der ersten Tage gelegentlich schütteln, um den Prozess zu beschleunigen.

4 Die Kumquats für zwei bis drei Monate an einen kühlen, dunklen Platz stellen, damit sich die Aromen entfalten können. Nach dem Öffnen im Kühlschrank aufbewahren und innerhalb von zwei Wochen verbrauchen.

Dieser Schnaps wird mit recht wenig Zucker zubereitet, man kann die Menge aber auch verdoppeln. Wer lieber Zwetschen verwendet, gibt die Zutaten in ein Glas mit weitem Hals und siebt den aromatisierten Gin später in eine Flasche ab.

Schlehenschnaps

ERGIBT ETWA 500 ML (1 FLASCHE)

FERTIG IN 20 MINUTEN

HALTBAR 12 MONATE

ZUTATEN

etwa 225 g Schlehen, frisch oder tiefgefroren

80 g Zucker

4 Wacholderbeeren, grob zerstoßen

einige Tropfen Mandelextrakt

etwa 350 ml Gin

1 Die Schlehen waschen und mit einer Stopfnadel einstechen. Bei gefrorenen Schlehen muss die Haut nicht eingestochen werden; einfach die Früchte bei Zimmertemperatur auftauen lassen. Die Früchte in eine sterilisierte Flasche geben.

2 Zucker, Wacholderbeeren und Mandelextrakt hinzufügen und den Gin darübergießen.

3 Die Flasche verschließen und mehrmals schwenken, um die Zutaten zu vermischen. Für drei Monate an einen kühlen, dunklen Platz stellen, zwischendurch die Flasche ab und zu schütteln.

4 Den Alkohol durch ein Sieb in eine sterilisierte Flasche gießen und diese verkorken. Die Früchte können zu Eiscreme serviert oder einem Apfelkuchen hinzugefügt werden (daran denken, dass sie Steine enthalten). Man kann sie auch beim Kuchenbacken anstelle von Rosinen verwenden.

Schlehen
Traditionell werden Schlehen nach dem ersten Frost geerntet, da ihre Haut dann weich ist und sie mehr Aroma abgeben. Andernfalls legt man sie für einige Stunden in das Gefriergerät (s. S. 46–47).

Birnen in Rotwein

Für dieses Rezept sollte man gerade reife, recht feste Birnen verwenden – überreife Früchte werden nach dem Einmachen mit der Zeit unangenehm weich. Da der Wein allein sie nicht konserviert, müssen die Birnen durch Erhitzen haltbar gemacht werden.

ERGIBT ETWA 1 L
(2 KLEINE EINMACHGLÄSER)

FERTIG IN 1 STUNDE 15 MINUTEN

HALTBAR EINGEKOCHT 12 MONATE

ZUTATEN

- 120 g Zucker
- 2 TL Zitronensaft
- 550 ml Rotwein, bei Bedarf etwas mehr
- 1 Zimtstange
- 2 Sternanis
- 2 Nelken
- 6 Birnen, geschält und halbiert, das Kerngehäuse entfernt

1 Zucker, Zitronensaft, 250 ml Wein und die Gewürze in einen großen Topf geben, in dem die Birnenhälften nebeneinander Platz haben. Bei mittlerer Hitze zum Kochen bringen und rühren, bis sich der Zucker aufgelöst hat. 2 Minuten ohne Rühren kochen lassen. Die Birnen hinzufügen und 2 Minuten sanft garen, zwischendurch einmal wenden.

2 Noch warme sterilisierte Einmachgläser auf ein Tuch oder Holzbrett setzen. Die Früchte mit einem Schaumlöffel aus dem Sirup heben und dicht an dicht bis 1 cm unter den Rand in die Gläser füllen, aber nicht quetschen.

3 Den restlichen Wein zu dem Sirup geben. Die Mischung für einige Sekunden zum Kochen bringen, dann in einen hitzebeständigen Krug füllen (die Zimtstange herausnehmen) und über die Birnen gießen. Nach Bedarf noch etwas Wein ergänzen, damit die Früchte vollkommen bedeckt sind. Einmachgummis oder Metalldeckel aufsetzen und die Gläser verschließen. Schraubverschlüsse nach dem Festdrehen um eine Vierteldrehung lockern.

4 Die Birnen nach einer der Methoden auf S. 19 für die erforderliche Zeit einkochen (s. S. 149), dann Schraubverschlüsse anziehen. Nach 24 Stunden prüfen, ob die Deckel fest sitzen. An einen kühlen, dunklen Platz stellen und nach dem Öffnen im Kühlschrank aufbewahren.

Aprikosen und Mandeln in Amaretto

Aprikosen und Mandellikör sind ein Traumpaar. Sollen die Früchte im Ganzen eingelegt werden, sticht man sie mit einem Hölzchen ein und pochiert sie 1–2 Minuten in Sirup, wobei man den Topf schwenkt, um sie zu wenden.

ERGIBT ETWA 1 L
(1 GROSSES EINMACHGLAS)

FERTIG IN 20 MINUTEN

HALTBAR 12 MONATE

ZUTATEN

100 g Zucker

500 g Aprikosen, halbiert und entsteint

60 g abgezogene Mandeln

etwa 250 ml Amaretto

1 Den Zucker mit 150 ml kaltem Wasser in einen großen Topf geben. Unter ständigem Rühren behutsam erhitzen, bis er sich aufgelöst hat.

2 Die Hälfte der Aprikosen nebeneinander in den Topf legen. Den Sirup zum Kochen bringen und die Früchte 1 Minute garen, bis sie etwas weicher geworden sind, aber noch nicht zerfallen. Mit einem Schaumlöffel herausheben und in ein noch warmes sterilisiertes Glas füllen. Die Hälfte der Mandeln dazugeben. Mit den restlichen Aprikosen und Mandeln ebenso verfahren.

3 Den Sirup wieder zum Kochen bringen und über die Früchte gießen, dann so viel Amaretto hinzufügen, dass die Früchte vollständig bedeckt sind. Abkühlen lassen und verschließen. Das Glas mehrmals vorsichtig schütteln, um Sirup und Likör zu vermischen. Für vier Wochen an einen kühlen, dunklen Platz stellen, damit sich die Aromen entfalten können. Nach dem Öffnen im Kühlschrank aufbewahren.

Sirup und Saft herstellen

Selbst gemachte Sirupe und Fruchtsäfte übertreffen die besten gekauften Produkte. Mit Sirup kann man Milchshakes und Obstsalat verfeinern, aber auch auf Eiscreme oder Pudding zeigt er sich von seiner besten Seite.

Beerensirup

ERGIBT ETWA 500 ML (2 KLEINE FLASCHEN)

FERTIG IN 25 MINUTEN

HALTBAR GEKÜHLT 1–2 MONATE (EINGEFROREN 6 MONATE)

ZUTATEN

500 g reife Brombeeren oder Loganbeeren

etwa 350 g Zucker (siehe Anleitung)

1 TL Zitronensäure

1 Die Früchte mit einem dünnen Wasserfilm auf dem Topfboden in einen Topf geben und nur kurz köcheln lassen, damit sie Saft ziehen (etwa 3–5 Minuten). Während des Garens mit einem Kartoffelstampfer oder der Rückseite eines Kochlöffels zerdrücken.

SO KOMMEN VITAMINE IN DIE FLASCHE

Um die wertvollen Inhaltsstoffe bei der Saftgewinnung zu erhalten, die Früchte nur sanft erhitzen. Die notwendige Wassermenge hängt vom Saftgehalt der Früchte ab, aber möglichst wenig Wasser verwenden:
- Für saftige, weiche Beeren wie Erdbeeren nur einen Wasserfilm auf den Topfboden geben.
- Für Früchte mit dickerer Haut wie Schwarze Johannisbeeren auf 500 g Obst etwa 150 ml Wasser geben.

2 Das Püree in ein mit Musselin ausgelegtes Sieb oder einen Saftbeutel geben und den Saft in eine saubere Schüssel abtropfen lassen (damit der Sirup klarer wird). Die Rückstände im Sieb leicht ausdrücken.

3 Den Saft in einen Messbecher gießen. Die notwendige Zuckermenge berechnen (70 g pro 100 ml Saft), abwiegen und mit der Zitronensäure zu dem Saft geben. Rühren, bis sich der Zucker aufgelöst hat.

4 Ist der Zucker vollständig aufgelöst, den Sirup sofort durch einen sterilisierten Trichter in noch warme sterilisierte Flaschen gießen und diese verschließen.

5 Zum sofortigen Gebrauch kalt stellen. Man kann den Sirup auch in Tiefkühlbehältern einfrieren, dabei oben 2,5 cm Platz lassen.

Mit Mineralwasser oder Limonade vermischt ein sehr erfrischendes Getränk und auch für Milchshakes ideal. Zum Dessert über Vanilleeis gießen oder mit halbierten, enthäuteten Pfirsichen anrichten – der schnellste Pfirsich Melba der Welt.

Himbeer-Vanille-Sirup

ERGIBT ETWA 500 ML
(1 GROSSE ODER 2 KLEINE FLASCHEN)
FERTIG IN 35 MINUTEN
HALTBAR GEKÜHLT 1–2 MONATE

ZUTATEN

500 g reife Himbeeren

1 Vanilleschote, aufgeschlitzt

250 g Zucker

1 TL Zitronensäure

1 Die Himbeeren mit 200 ml Wasser in einen Topf geben und bei niedriger Temperatur behutsam erhitzen, bis sie Saft ziehen. Die Früchte mit einem Kartoffelstampfer oder der Rückseite eines Kochlöffels zerdrücken.

2 Sobald sie sehr weich sind, die Früchte in ein mit Musselin ausgelegtes Sieb geben und in eine saubere Schüssel abtropfen lassen. Die Rückstände ausdrücken, um möglichst viel Saft zu gewinnen. Den Saft wieder in den ausgewaschenen Topf geben. Vanilleschote und Zucker hinzufügen und umrühren. Die Mischung ohne Rühren langsam erhitzen, bis sich der Zucker aufgelöst hat, dann zum Kochen bringen und 5 Minuten kochen lassen, bis sie sirupartig ist.

3 Von der Kochstelle nehmen. Die Vanilleschote herausnehmen und wegwerfen und die Zitronensäure unterrühren.

4 Den Sirup sofort durch einen sterilisierten Trichter in noch warme sterilisierte Flaschen füllen. Verschließen, etikettieren und abkühlen lassen, dann in den Kühlschrank stellen. Vor Gebrauch schütteln.

Erdbeersirup

Ausgesprochen vielseitig verwendbarer Sirup, der in Milchshakes oder auf Eiscreme ebenso schmeckt wie mit gut gekühltem Sekt oder trockenem Weißwein aufgegossen als Aperitif. Auch gut: zum Dessert über in Scheiben geschnittene Erdbeeren geträufelt.

ERGIBT ETWA 500 ML
(1 GROSSE ODER 2 KLEINE FLASCHEN)
FERTIG IN 25–35 MINUTEN
HALTBAR GEKÜHLT 1–2 MONATE

ZUTATEN

500 g reife Erdbeeren
1 EL Zitronensaft
1 Vanilleschote, aufgeschlitzt, das Mark herausgeschabt
200–250 g Zucker
1 TL Zitronensäure

1 Die Erdbeeren putzen, in Scheiben schneiden und mit 200 ml Wasser und dem Zitronensaft in einen Topf geben. Bei niedriger Temperatur behutsam erhitzen, bis sie Saft ziehen. Die Früchte mit einem Kartoffelstampfer oder der Rückseite eines Kochlöffels zerdrücken.

2 Sobald sie sehr weich sind, die Früchte in ein mit Musselin ausgelegtes Sieb geben und in eine saubere Schüssel abtropfen lassen. Die Rückstände ausdrücken, um möglichst viel Saft zu gewinnen. Den Saft wieder in den ausgewaschenen Topf geben. Vanilleschote und Vanillemark mit dem Zucker hinzufügen und mit dem Schneebesen rühren, um das Vanillemark zu verteilen. Die Mischung ohne Rühren behutsam erhitzen, bis sich der Zucker aufgelöst hat. Zum Kochen bringen und 5 Minuten kochen lassen.

3 Den Topf von der Kochstelle nehmen. Die Vanilleschote herausnehmen und wegwerfen. Die Zitronensäure unterrühren.

4 Den Sirup sofort durch einen sterilisierten Trichter in noch warme sterilisierte Flaschen füllen. Verschließen, etikettieren und abkühlen lassen, dann in den Kühlschrank stellen. Vor Gebrauch schütteln.

Agavendicksaft ist ein natürlicher Zuckerersatz. Da er süßer als Zucker ist, benötigt man davon weniger. Nach Belieben kann der Tomatensaft vor dem Servieren mit einem Spritzer Worcestersauce und etwas Selleriesalz aromatisiert werden.

Tomatensaft

ERGIBT ETWA 1 L
(2 GROSSE FLASCHEN ODER 1 GROSSES EINMACHGLAS)

FERTIG IN 40–70 MINUTEN

HALTBAR GEKÜHLT 1 WOCHE
(EINGEKOCHT 12 MONATE)

ZUTATEN

1,4 kg reife Tomaten, geviertelt

Salz und frisch gemahlener schwarzer Pfeffer

1–2 TL Agavendicksaft oder Zucker

1 Die Tomaten in einen großen Topf mit schwerem Boden geben und bei niedriger Temperatur behutsam erhitzen. Die Tomatenstücke zerdrücken, bis sie Saft ziehen. Die Temperatur heraufschalten und die Tomaten unter gelegentlichem Rühren 30 Minuten köcheln lassen, bis sie zerfallen.

2 Die Tomaten in einem Mixer oder in einer Küchenmaschine pürieren und durch ein feines Sieb wieder in den ausgewaschenen Topf streichen. Salzen und pfeffern, dann Agavensirup oder Zucker hinzufügen. Den Topfinhalt zum Kochen bringen.

3 Den Saft sofort durch einen sterilisierten Trichter in noch warme sterilisierte Flaschen füllen. Abkühlen lassen, verschließen und etikettieren. Im Kühlschrank aufbewahren und innerhalb von einer Woche verbrauchen.

4 Für längere Haltbarkeit den Saft in Flaschen mit Bügel- oder Schraubverschluss oder in einem Einmachglas 20 Minuten im Wasserbad erhitzen (s. S. 19). Nach 24 Stunden prüfen, ob der Deckel fest sitzt. An einem kühlen, dunklen Platz aufbewahren, nach dem Öffnen in den Kühlschrank stellen und innerhalb einer Woche verbrauchen.

Apfelsaft

Nutzen Sie eine Apfelschwemme und füllen Sie Ihre Vorratskammer mit leckerem Saft. Wer einen elektrischen Entsafter besitzt, kann die Äpfel darin verarbeiten und dann mit Schritt 3 fortfahren, der Saft muss jedoch 1 Minute kochen.

ERGIBT ETWA 1 L
(2 GROSSE FLASCHEN ODER 1 GROSSES EINMACHGLAS)

FERTIG IN 25–50 MINUTEN

HALTBAR GEKÜHLT 1 WOCHE
(EINGEKOCHT 12 MONATE)

ZUTATEN

2 kg gemischte süße Tafeläpfel wie 'Cox Orange', 'Berlepsch' oder 'Gala', ungeschält und mit Kerngehäuse in Achtel geschnitten

1 Die Äpfel mit 500 ml Wasser in einen großen Topf mit schwerem Boden geben und zum Kochen bringen, dann die Hitze sofort reduzieren. Die Äpfel zugedeckt unter gelegentlichem Rühren 20–30 Minuten sanft garen. Die erforderliche Zeit hängt von Apfelsorte und Größe der Stücke ab.

2 Die Äpfel in einen Saftbeutel oder ein mit Musselin ausgelegtes Sieb geben. Man kann sie nun über Nacht abtropfen lassen oder ausdrücken, um möglichst viel Saft zu gewinnen (so geht es schneller, aber der Saft wird dabei leicht trüb).

3 Den Saft in einen Topf geben und zum Kochen bringen, dann sofort durch einen sterilisierten Trichter in noch warme sterilisierte Gläser oder Flaschen füllen. Abkühlen lassen und verschließen. In den Kühlschrank stellen und innerhalb von einer Woche verbrauchen.

4 Für längere Haltbarkeit den Saft in Flaschen mit Bügel- oder Schraubverschluss 20 Minuten im Wasserbad erhitzen (s. S. 19). Nach 24 Stunden prüfen, ob der Deckel fest sitzt. An einen kühlen dunklen Platz stellen, nach dem Öffnen im Kühlschrank aufbewahren und innerhalb einer Woche verbrauchen.

Die besten Zutaten für …
Ketchup und Saucen

Für die besten Ketchups und Saucen braucht man nur wenige Zutaten. Man kocht sie am besten, wenn Berge von frisch geerntetem Gemüse und aromatischen Kräutern den Markt überschwemmen.

Chilischoten
Alle Chilisorten beleben frisch und/oder getrocknet Ketchups und Saucen und geben ihnen zusätzliche Aromatiefe. Man kann sie auch zu Chilisauce verarbeiten. Hier sind (von links im Uhrzeigersinn) Scotch bonnets, Piri-piris, getrocknete Chipotles und eine Poblano zu sehen.

Basilikum
Die weichen Blätter dieser einjährigen Pflanze (die am besten in Töpfen gedeiht) sind im Hochsommer am intensivsten. Frische Blätter für Pesto verwenden.

Tomaten
Eine Schwemme reifer oder überreifer Tomaten ist perfekt für die Herstellung von Tomatenketchup. Geeignet sind alle aromatischen Sorten (insbesondere Fleischtomaten und Eiertomaten).

Pilze
Nach Möglichkeit große Champignons mit offenen Hüten oder Wiesenchampignons verwenden. Sie ziehen beim Garen (s. S. 180–181) sehr viel Flüssigkeit.

Knoblauch
Für Ketchup und Saucen pralle Knollen verwenden. Gut in Kombination mit Chilischoten, Tomaten und indischen oder anderen asiatischen Aromen.

Pflaumen
Aus Pflaumen lässt sich im Spätsommer oder Frühherbst ein süß-scharfer Ketchup herstellen. Die Früchte müssen nicht perfekt sein, schadhafte Stellen sollte man aber herausschneiden.

Zwiebeln
Für aromatische Ketchups und Saucen unverzichtbar, da sie deren Geschmack und Konsistenz verbessern. Weiße oder rote Zwiebeln verwenden, für ein milderes Aroma Schalotten.

Rucola
Salatpflanze, die vier Wochen nach der Aussaat geerntet werden kann, am besten im Spätfrühjahr, Frühsommer und Spätsommer. Für Pesto kleine, zarte Blätter verwenden.

Koriandergrün
Zartes Sommerkraut. Vom späten Frühjahr an und den Sommer hindurch säen. Die jungen Blätter ernten, ehe die Pflanze sich aussamt, und für aromatisches Pesto verwenden.

WEITERE ZUTATEN

OBST
Äpfel
Brombeeren
Cranberrys
Holunderbeeren
Stachelbeeren
Zwetschen

GEMÜSE
Meerrettich
Paprikaschoten
Schalotten
Kräuter (für Pesto)
Minze
Petersilie

Ketchup & Saucen herstellen

Auch in Form von Ketchup und Saucen lässt sich ein Erntesegen gut verwerten. Tomatenketchup (s. S. 182) zum Würzen bei Tisch, dünnflüssige Ketchups wie diesen zum Aromatisieren in der Küche verwenden.

Pilzketchup

ERGIBT ETWA 300 ML (1 KLEINE FLASCHE)
FERTIG IN 2½ STUNDEN PLUS WARTEZEIT
HALTBAR 9 MONATE

ZUTATEN

- 2 kg frische Wiesenchampignons oder große Zuchtchampignons, abgerieben und fein gehackt
- 30 g Meersalz
- 1 TL schwarze Pfefferkörner
- 1 TL Pimentkörner
- ½ TL Nelken
- ½ Zimtstange
- 1 kleine Schalotte
- einige Stücke getrocknete Steinpilze
- 300 ml Rot- oder Weißweinessig
- 6 gesalzene Sardellenfilets (oder 2 EL dunkle Sojasauce)
- 2 Stücke Muskatblüte
- 2 TL Weinbrand (nach Belieben)

1 Die gehackten Champignons in eine große Schüssel geben, mit dem Salz bestreuen, sorgfältig mit den Händen durchheben und zugedeckt 24 Stunden stehen lassen, zwischendurch ab und zu zusammendrücken.

2 Am nächsten Tag Pfefferkörner, Pimentkörner, Nelken und Zimt im Mörser zerstoßen, die Schalotte schälen und fein hacken. Die Champignons prüfen. Sie sollten nur noch ein Drittel ihres ursprünglichen Volumens haben.

3 Champignons samt Flüssigkeit, zerstoßenen Gewürzen und Schalotte zusammen mit Steinpilzen, Essig, Sardellen und Muskatblüte in einen Topf geben. Die Zutaten zum Kochen bringen und zugedeckt 1 Stunde sanft köcheln lassen.

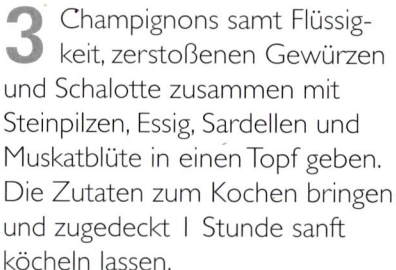

KETCHUP & SAUCEN HERSTELLEN

4 Den Topfinhalt durch ein feines Sieb in eine saubere Schüssel streichen und fest gegen die Seiten des Siebs drücken, um möglichst viel Flüssigkeit zu gewinnen.

5 Den Inhalt des Siebs auf ein Stück Musselin geben. Die Ecken des Stoffs zusammennehmen und das Säckchen fest zusammendrehen, um möglichst viel Flüssigkeit zu extrahieren. Sollten danach mehr als 300–400 ml vorhanden sein, die Mischung wieder in den Topf geben und auf etwa 300 ml einkochen lassen.

6 Den Ketchup in eine sterilisierte Flasche füllen und nach Belieben den Weinbrand hinzufügen. Verschließen und an einen kühlen, dunklen Platz stellen. Nach dem Öffnen im Kühlschrank aufbewahren.

Die Herstellung von Ketchup aus eigenen Tomaten macht Spaß und garantiert zudem, dass keine chemischen Zusätze in die Flasche kommen. Bei diesem leckeren Ketchup befinden sich Süße, Säure und Würze in einem wunderbaren Gleichgewicht.

Tomatenketchup

ERGIBT ETWA 750 ML (2–3 KLEINE GLÄSER)
FERTIG IN 60–80 MINUTEN
HALTBAR 3 MONATE

ZUTATEN

1 kg reife Tomaten, grob gehackt
1 Möhre, gehackt
1 kleine Zwiebel, gehackt
1 Stange Sellerie, gehackt
1 große Prise gemahlene Nelken
1 großes Lorbeerblatt
2 Stücke Muskatblüte
1 TL Meersalz
150 ml Rotweinessig
60 g hellbrauner Zucker

1 Alle Zutaten mit Ausnahme des Zuckers in einen großen Edelstahltopf mit schwerem Boden geben. Zum Kochen bringen und bei reduzierter Temperatur zugedeckt 30 Minuten köcheln lassen. Den Deckel abnehmen und den Topfinhalt weitere 15 Minuten köcheln lassen.

2 Muskatblüte und Lorbeer entfernen. Die Mischung im Mixer oder in einer Küchenmaschine pürieren, dann durch ein feines Sieb wieder in den ausgewaschenen Topf streichen.

3 Den Zucker unterrühren. Die Mischung wieder zum Kochen bringen und unter ständigem Rühren 5 Minuten kochen lassen, bis sie die Konsistenz von dicker Sahne angenommen hat.

4 Den Ketchup in noch warme sterilisierte Schraubgläser mit säurebeständigen Deckeln füllen. Mit Kreisen aus Wachspapier abdecken, verschließen und etikettieren. Für drei Monate an einen kühlen, dunklen Platz stellen. Nach dem Öffnen im Kühlschrank aufbewahren und innerhalb von zwei Wochen verbrauchen. Vor Gebrauch schütteln.

Scharfe Chilisauce

Eine unentbehrliche Sauce, die von Rühreiern über Tomatensuppe bis zu Grillfleisch vielen Gerichten feurige Schärfe verleiht. Die Tamarindenpaste gibt ihr feine Säure – falls ein süßeres Ergebnis gewünscht ist, lässt man sie einfach weg.

ERGIBT ETWA 600 ML (2 KLEINE GLÄSER)
FERTIG IN 60–80 MINUTEN
HALTBAR GEKÜHLT 1 MONAT

ZUTATEN

- 4 frische rote Bird's-eye-Chilischoten, Stiele entfernt
- 1 getrocknete Chipotle-Chilischote
- 4 reife Tomaten, geviertelt
- 1 Möhre, gehackt
- 1 kleine Zwiebel, gehackt
- 1 Stange Sellerie, gehackt
- 2 EL Agavensirup oder flüssiger Honig
- 1 EL Tomatenmark
- 2 EL Rotweinessig
- 1 EL Tamarindenpaste
- 150 ml Apfelsaft
- Salz und frisch gemahlener schwarzer Pfeffer

1 Die Zutaten mit Ausnahme von Salz und Pfeffer in einen großen Edelstahltopf mit schwerem Boden geben. Zum Kochen bringen und bei reduzierter Temperatur zugedeckt unter gelegentlichem Rühren 45 Minuten köcheln lassen, bis sie zerfallen sind.

2 Den Topfinhalt mit 5 Esslöffeln Wasser im Mixer oder in einer Küchenmaschine pürieren, zwischendurch die Gefäßwände abstreichen. Die Sauce durch ein feines Sieb in eine Schüssel streichen und nach Geschmack salzen und pfeffern.

3 Die Sauce in noch warme sterilisierte Gläser mit säurebeständigem Deckel füllen, mit Kreisen aus Wachspapier abdecken, verschließen und in den Kühlschrank stellen.

Chilischoten
Bird's-eye-Chilischoten sind extrem scharf, daher Vorsicht bei der Verarbeitung: Nach dem Hacken Hände und Messer waschen und nicht die Augen berühren (das enthaltene Capsaicin ruft starke Reizungen hervor). Chipotle-Chilis sind geräucherte mittelscharfe Schoten der Sorte Jalapeño. Sie haben ein schokoladeartiges Aroma und geben Chilisaucen Tiefe.

Pesto wird gewöhnlich aus frischem Basilikum und Pinienkernen zubereitet, doch auch die Kombination von Koriander und Walnüssen ist köstlich. Das Pesto unter Nudeln mischen, für Gegrilltes, Dips und Dressings verwenden oder auf Crostini streichen.

Koriander-Walnuss-Pesto

ERGIBT ETWA 175 G
(1 KLEINES GLAS)

FERTIG IN 10 MINUTEN

HALTBAR GEKÜHLT 2 WOCHEN

ZUTATEN

1 kleines Bund Koriander (etwa 30 g)

1 große Knoblauchzehe, zerdrückt

30 g Walnusskerne

1 großzügige Prise frisch gemahlener schwarzer Pfeffer

1 großzügige Prise Salz

30 g Parmesan, frisch gerieben

5 EL natives Olivenöl extra

1 Die Stängel des Korianders abschneiden (sie können zum Aromatisieren von Suppen oder Currys verwendet werden).

2 Die Korianderblätter mit Knoblauch, Walnüssen, Pfeffer, Salz, Parmesan und 1 Esslöffel Öl in eine Küchenmaschine geben und pürieren, zwischendurch nach Bedarf das Gerät ausschalten und die Gefäßwände abstreichen.

3 Bei laufendem Motor nach und nach 3 Esslöffel des restlichen Öls hinzufügen, bis eine glänzende, recht dünnflüssige Paste entstanden ist. (Man kann Koriander und Knoblauch auch im Mörser zerkleinern, dann nach und nach die Nüsse hinzufügen und ebenfalls zerstoßen. Pfeffer und Salz hinzufügen. Etwas Käse und anschließend etwas Öl untermischen und so fortfahren, bis beide Zutaten verbraucht sind und das Pesto glänzt.)

4 Das Pesto in ein sterilisiertes Glas füllen, zum Schutz vor Sauerstoff 1 Esslöffel Öl daraufgeben. Verschließen und in den Kühlschrank stellen. Wird das Pesto nicht auf einmal verbraucht, den Rest wieder mit etwas Öl bedecken und das Glas fest verschließen.

Bei diesem Pesto harmoniert der herrlich pfeffrige Geschmack von Rucola perfekt mit kräftigem Blauschimmelkäse und der cremigen Konsistenz der Mandeln. Am besten serviert man es auf bissfest gegarten frischen Linguine oder Spaghetti.

Pesto von Rucola, Mandeln und Blauschimmelkäse

ERGIBT ETWA 185 G (1 KLEINES GLAS)

FERTIG IN 15 MINUTEN

HALTBAR 2 WOCHEN

ZUTATEN

30 g Rucola, gewaschen

1 Knoblauchzehe, zerdrückt

30 g Blauschimmelkäse, je nach Konsistenz zerkrümelt oder gewürfelt

50 g abgezogene und geröstete Mandeln

7 EL natives Olivenöl extra

frisch gemahlener schwarzer Pfeffer und Salz nach Geschmack

1 Die Rucolablätter mit Knoblauch, Käse, Mandeln und 2 Esslöffeln Olivenöl in einer Küchenmaschine grob vermischen, zwischendurch das Gerät ausschalten und die Gefäßwände abstreichen.

2 Bei laufendem Motor nach und nach 4 Esslöffel des verbliebenen Öls untermischen, bis eine glänzende Paste entstanden ist. (Oder Rucola und Knoblauch im Mörser fein zerstoßen, dann nach und nach Käse und Mandeln hinzufügen und die Zutaten zu einer dicken Paste verarbeiten. Esslöffelweise das Olivenöl untermischen, bis eine glänzende Paste entstanden ist.)

3 Das Pesto nach Geschmack salzen und pfeffern, in ein sterilisiertes Glas füllen, zum Schutz vor Luft mit dem restlichen Olivenöl bedecken und verschließen. Im Kühlschrank aufbewahren.

Rucola
Die Aussaat und Kultur von Rucola ist unkompliziert. Die Blätter mit etwa 6 cm Länge ernten, um den Neuaustrieb anzuregen.

Das traditionelle Pesto, wie es im italienischen Genua erfunden wurde. Auch mit einer zusätzlichen Handvoll frischer Minze schmeckt es unwiderstehlich – die Minzeblätter einfach mit den anderen Zutaten pürieren.

Basilikum-Pinienkern-Pesto

ERGIBT ETWA 200 G (1 KLEINES GLAS)
FERTIG IN 10 MINUTEN
HALTBAR 2 WOCHEN

ZUTATEN

65 g Basilikum

1 große Knoblauchzehe, zerdrückt

30 g Pinienkerne

1 große Prise frisch gemahlener schwarzer Pfeffer

30 g Parmesan, frisch gerieben

7 EL natives Olivenöl extra

Salz nach Geschmack

1 Die Basilikumblätter von den Stängeln zupfen. Die Stängel wegwerfen, die Blätter mit Knoblauch, Pinienkernen, Pfeffer, Käse und 2 Esslöffeln Olivenöl in einer Küchenmaschine grob pürieren, zwischendurch nach Bedarf das Gerät ausschalten und die Gefäßwände abstreichen.

2 Bei laufendem Motor nach und nach 4 Esslöffel des restlichen Öls einarbeiten, bis eine glänzende, grobe Paste entstanden ist. (Man kann die Basilikumblätter auch im Mörser fein zerstoßen, dann nach und nach die Pinienkerne hinzufügen und ebenfalls zerkleinern. Nach Geschmack salzen und pfeffern, dann abwechselnd kleine Mengen Käse und Olivenöl dazugeben, bis die Zutaten verbraucht sind und eine glänzende Paste entstanden ist.)

3 Das Pesto mit Salz abschmecken, in ein sterilisiertes Glas füllen und zum Schutz vor Sauerstoff mit dem restlichen Olivenöl bedecken. Das Glas verschließen und im Kühlschrank aufbewahren.

Basilikum
Damit Basilikum buschig wächst und üppig gedeiht, regelmäßig Blätter ernten und die Triebspitzen ausknipsen.

Zu gekochtem Rindfleisch, Ochsenzunge, Würstchen, Roten Rüben und geräuchertem Fisch passt diese pikante Sauce. Meerrettich sollte nicht gegart werden, da er sonst seine Schärfe verliert, aber eine Saucenbasis verleiht ihm ein milderes Aroma.

Meerrettichsauce

ERGIBT ETWA 360 ML (2 KLEINE GLÄSER)

FERTIG IN 15–20 MINUTEN PLUS WARTEZEIT

HALTBAR GEKÜHLT 2 MONATE

ZUTATEN

300 ml Weißweinessig

1 Lorbeerblatt

12 Pfefferkörner

2 EL Zucker

2 Nelken

8 EL Crème fraîche mit Zimmertemperatur sowie Crème fraîche zum Servieren (nach Belieben)

150 g frisch geriebener Meerrettich

Salz nach Geschmack

1 Essig, Lorbeerblatt, Pfefferkörner, Zucker und Nelken in einen kleinen Topf geben, zum Kochen bringen und rühren, bis sich der Zucker aufgelöst hat. Dann etwa 5 Minuten sprudelnd kochen lassen, bis die Flüssigkeit um die Hälfte eingekocht ist. Crème fraîche hinzufügen und 1 Minute kochen lassen.

2 Die Flüssigkeit durch ein feines Sieb in eine Schüssel gießen und abkühlen lassen, dann Meerrettich und Salz nach Geschmack unterrühren.

3 Die Sauce in sterilisierte Gläser mit säurebeständigen Deckeln füllen und mit Kreisen aus Wachspapier abdecken. Die Gläser verschließen, etikettieren und in den Kühlschrank stellen. Zum Servieren nach Geschmack mit etwas zusätzlicher Crème fraîche verrühren.

Meerrettich
Wurzel einer ausdauernden Pflanze mit belebender Schärfe, die einfach anzubauen ist (sie braucht aber Platz, um sich ausbreiten zu können). Bei Bedarf ausgraben, säubern und im Kühlschrank aufbewahren.

Chinesische Pflaumensauce

Diese Sauce eignet sich als Dip, zum Bestreichen von Enten-, Hähnchen- oder Schweinefleisch, das gegrillt oder im Backofen gebraten wird, aber auch für Gerichte aus dem Wok. Nach dem Öffnen ist sie im Kühlschrank aufbewahrt zwei Wochen haltbar.

ERGIBT ETWA 600 ML (3 KLEINE GLÄSER)
FERTIG IN 70 MINUTEN
HALTBAR 3 MONATE

ZUTATEN

½ TL Wasabi-Paste (japanischer Meerrettich) oder scharfer Senf

150 ml Reisessig oder Weißweinessig

500 g reife dunkelrote oder blaue Pflaumen, halbiert und entsteint

1 Zwiebel, gehackt

1 Knoblauchzehe, zerdrückt

60 g dunkelbrauner Zucker

5 EL flüssiger Honig

2 EL dunkle Sojasauce

1 TL chinesisches Fünfgewürzepulver

2 EL Sake oder trockener Sherry

1 Wasabi oder Senf mit dem Essig in einem großen Topf sorgfältig verrühren. Pflaumen, Zwiebel und Knoblauch hinzufügen. Den Topfinhalt zum Kochen bringen und 10–15 Minuten köcheln lassen, bis die Pflaumen zerfallen.

2 Die Mischung im Mixer oder in einer Küchenmaschine pürieren, wieder in den Topf geben und die restlichen Zutaten unterrühren.

3 Die Sauce unter ständigem Rühren zum Kochen bringen und bei reduzierter Temperatur ohne Deckel köcheln lassen, bis sie eindickt. Gelegentlich umrühren.

4 Die Sauce in noch warme sterilisierte Gläser füllen, mit Kreisen aus Wachspapier abdecken und abkühlen lassen. Die Gläser verschließen, etikettieren und an einem kühlen, dunklen Platz aufbewahren.

Durch das **Einlegen in Öl** werden Lebensmittel nicht nur konserviert, sie gewinnen zugleich an Wohlgeschmack. Das Ergebnis ist köstlich und einfach unwiderstehlich. Früher war es vor allem in den Mittelmeerländern üblich, Gemüse, Oliven und gelegentlich auch Käse in Olivenöl haltbar zu machen. Heute nutzt man diese Methode vorzugsweise für die kurzzeitige Aufbewahrung und Aromatisierung. Alle auf diese Weise konservierten Lebensmittel sollten stets im Kühlschrank aufbewahrt werden.

Die besten Zutaten zum ...
Einlegen in Öl

Besonders geeignet sind mediterrane Gemüse, da das Öl ihre Aromen optimal unterstützt. Aber auch andere feste oder knackige Gemüse ebenso wie Schafkäse und Oliven können in Öl eingelegt werden.

Auberginen
Kleine oder mittelgroße feste Auberginen gleich nach der Ernte garen und in Öl einlegen. Achtung: Auberginen saugen das Öl auf wie ein Schwamm.

Tomaten
Vor dem Einlegen in Öl müssen Tomaten zunächst getrocknet werden. Die Kombination von getrockneten Tomaten und Olivenöl ist unübertrefflich.

Feta
Dieser traditionelle griechische Käse besteht aus Schafs- oder Ziegenmilch. Da er in Salzlake reift und eine natürliche Säure besitzt, lässt er sich gefahrlos in Olivenöl einlegen.

Knoblauch
Große, pralle, frisch geerntete Knollen garen und die Zehen entweder ganz oder püriert mit Olivenöl bedecken.

Paprikaschoten
Reife, feste, makellose rote und gelbe Schoten verwenden. Am besten sind Paprikaschoten im Spätsommer und Frühherbst.

Oliven
Es gibt viele schmackhafte Sorten von grünen (unreifen) und schwarzen (reifen) Tafeloliven. Man verwendet in Salzlake konservierte, abgetropfte Oliven.

DIE BESTEN ZUTATEN ZUM EINLEGEN IN ÖL

Spargel
Frisch geernteter grüner Spargel eignet sich zum Einlegen in Öl besser als weißer. Er hat von April bis Juni Saison.

Pilze
Alle Wild- und Zuchtpilze schmecken in Öl eingelegt köstlich. Kleine Exemplare verwenden und Wildpilze zunächst sorgfältig säubern.

Artischocken
Die stattlichen Pflanzen tragen 3–4 Jahre. Von Juli bis September kleine, zarte Knospen ernten, die in Öl eingelegt eine Delikatesse sind.

Fenchel
Perfekt zum Einlegen in Öl. Er ist knackig und schmeckt leicht nach Anis. Pralle Exemplare verwenden und harte Außenblätter entfernen.

Zucchini
Zarte, feste Zucchini von 10–15 cm Länge wählen und möglichst sofort nach der Ernte konservieren (die Blüten eignen sich nicht zum Einlegen in Öl).

WEITERE ZUTATEN

GEMÜSE
Blumenkohl
Buschbohnen
Chilischoten
Knollensellerie
Möhren
Perlzwiebeln
Romaneso
Schalotten
Schwarzwurzeln
Staudensellerie

KÄSE
Labneh (Frischkäse aus abgetropftem Joghurt)
Ziegenfrischkäse

Gemüse in Öl einlegen

Bei dieser Konservierungsmethode gart man die Gemüse zunächst in Essig, bevor sie in Öl eingelegt und kalt gestellt werden. Man serviert sie mit etwas frischem Öl beträufelt, Basilikum oder Petersilie und Weißbrot.

Gemüse nach italienischer Art

ERGIBT ETWA 675 G (2 MITTELGROSSE GLÄSER)

FERTIG IN 30 MINUTEN

HALTBAR GEKÜHLT 1–2 MONATE

ZUTATEN

600 g gemischte Gemüse der Saison wie Auberginen, Fenchel, Romanesco, Zucchini, kleine Schalotten, Staudensellerie, Möhren, Buschbohnen, Paprikaschoten oder kleine Champignons

etwa 500 ml Weißweinessig

2 TL Zucker

2 TL Meersalz

150 ml bestes Olivenöl

Gewürze und Kräuter zur Wahl

1 EL getrocknete Fenchelsamen

1 TL getrockneter Oregano

1 frisches oder getrocknetes Lorbeerblatt

1 Rosmarinzweig

1 Thymianzweig

1 Prise Chiliflocken

1 Gemüse waschen, ggf. schälen und in etwa 1 cm große Würfel oder Scheiben schneiden. Kleine Schalotten und Pilze ganz lassen.

2 Gemüse portionsweise in einen Edelstahlstopf geben und gerade mit Essig bedecken. Zucker und Salz hinzufügen und den Topfinhalt zum Kochen bringen.

3 Weiche Gemüse nach 2–3 Minuten, festere Gemüse nach etwa 5–10 Minuten (bissfest) herausheben, auf Küchenpapier abtropfen und abkühlen lassen.

4 Gemüse und Würzzutaten locker in sterilisierte Gläser schichten, mit Olivenöl bedecken und leicht zusammenpressen, um Lufteinschlüsse zu entfernen.

5 Die Gläser verschließen und für mindestens eine Woche in den Kühlschrank stellen. Nach dem Öffnen bei Bedarf weiteres Olivenöl ergänzen, sodass die Gemüse stets mit 1 cm Öl bedeckt sind.

Für dieses Rezept eignen sich fleischige Tomaten mit wenig Samen wie italienische Eiertomaten. Die Tomaten nehmen das Öl auf und werden dadurch weich. Für Salate und Nudelgerichte verwenden, als Tapas oder mit Mozzarella servieren.

Getrocknete Tomaten in Öl

ERGIBT ETWA 500 G (1 GROSSES GLAS)

FERTIG IN 20 MINUTEN PLUS WARTEZEIT

HALTBAR GEKÜHLT 2 WOCHEN

ZUTATEN

2 kg reife Tomaten (etwa 12 Stück), in Viertel geschnitten (große Tomaten in 6 Spalten)

2 EL Zucker

3 TL getrockneter Oregano

Meersalz und frisch gemahlener schwarzer Pfeffer

3 EL Weißweinessig

etwa 200 ml bestes Olivenöl

1 TL Chiliflocken

1 Den Backofen auf 60–80 °C (Umluft 40–60 °C) vorheizen. Die Tomaten in eine große Schüssel geben. Zucker, 2 Teelöffel Oregano, 1 Prise Salz und Pfeffer darüberstreuen. Die Tomaten vorsichtig durchheben, um sie gleichmäßig zu überziehen. Flüssigkeit abgießen.

2 Die Tomaten auf Backblechen verteilen, ohne dass sie sich berühren. Für 7–12 Stunden (oder über Nacht) in den Ofen schieben, bis sie mindestens um die Hälfte geschrumpft sind und sich ledrig anfühlen. Bei einem Elektroherd die Tür mit einem Spieß leicht geöffnet halten, damit Luft zirkulieren kann. Die Tomaten abkühlen lassen.

3 Essig und Olivenöl in einem mittelgroßen Topf behutsam erhitzen und zum Kochen bringen. Restlichen Oregano und Chiliflocken hinzufügen, dann von der Kochstelle nehmen und abkühlen lassen.

4 Die kalten Tomaten in ein sterilisiertes Glas füllen und recht fest zusammendrücken. Die Olivenölmischung darübergießen, bei Bedarf weiteres Olivenöl ergänzen, sodass alle Tomaten bedeckt sind. Das Glas verschließen und kalt stellen. Nach dem Öffnen Öl nachfüllen, damit die Tomaten bedeckt bleiben. Innerhalb von zwei Wochen verbrauchen.

Tomaten
Die besten Tomaten zum Trocknen sind italienische Eiertomaten. Sie sind fleischiger und weniger saftig als andere Sorten.

Eingelegter Knoblauch

Eine fabelhafte Methode, um frisch geernteten Knoblauch zu konservieren. Die Zehen später einfach aus der Schale drücken und für Kartoffelpüree und andere Gerichte verwenden oder zu gegrilltem und gebratenem Fleisch servieren.

ERGIBT ETWA 225 G (1 KLEINES GLAS)

FERTIG IN 60–75 MINUTEN

HALTBAR GEKÜHLT 3–4 WOCHEN

ZUTATEN

2 große frische Knoblauchknollen mit prallen Zehen, die Zehen getrennt

90–150 ml bestes Olivenöl

1 Thymianzweig

1 Lorbeerblatt

1 große Prise Meersalz

2 EL Balsamessig oder Sherryessig

1 Die ungeschälten Knoblauchzehen in eine ofenfeste Form legen, in der sie gerade Platz haben, und mit Olivenöl bedecken. Thymian und Lorbeerblatt dazwischenstecken und das Salz darüberstreuen.

2 Den Knoblauch im 150 °C (Umluft 130 °C) heißen Backofen 45–60 Minuten garen, bis die Zehen weich sind (die erforderliche Zeit hängt von ihrer Größe ab).

3 Die Zehen abkühlen lassen und in ein sterilisiertes Glas füllen. Den Essig hinzufügen und umrühren, um die Zehen gut zu überziehen. Das Glas mit dem Öl, in dem die Zehen gegart wurden, auffüllen, nach Bedarf frisches Öl ergänzen. Verschließen, in den Kühlschrank stellen und den Knoblauch innerhalb eines Monats verbrauchen. Darauf achten, dass die Zehen stets mit Öl bedeckt sind.

Knoblauch
Wenn man im Herbst einzelne Knoblauchzehen (spitze Enden oben) mit 10 cm Abstand so in die Erde steckt, dass ihre Spitzen gerade noch zu sehen sind, können im folgenden Juli frische Knollen geerntet werden.

Zarte, junge Artischocken sind eine echte Delikatesse. Besonders kleine Exemplare können im Ganzen eingelegt werden, größere halbiert. Genießen Sie sie als Antipasti, in Salaten oder mit selbst gemachtem Pesto zu frischen Nudeln.

Junge Artischocken in Öl

ERGIBT ETWA 500 G (1 GROSSES GLAS)

FERTIG IN 45 MINUTEN

HALTBAR GEKÜHLT 2 MONATE

ZUTATEN

10 junge kleine Artischocken

300 ml Weißweinessig

1 EL Meersalz

Marinade

500 ml bestes Olivenöl

75 ml Weißweinessig

1 Handvoll schwarze Pfefferkörner

1 Die Stiele der Artischocken abschneiden und harte Außenblätter (5–6 Schichten) entfernen, bis die helleren, zarteren Blätter frei liegen. Etwa 2,5 cm von den Blattspitzen abschneiden und wegwerfen. Die Artischocken längs halbieren. Das Heu mit einem Löffel vorsichtig herauskratzen und wegwerfen.

2 Essig, Salz und 300 ml Wasser in einen großen Edelstahltopf mit schwerem Boden geben und zum Kochen bringen. Die vorbereiteten Artischocken hineinlegen und 3–5 Minuten in der köchelnden Essigmischung blanchieren, sie sollten aber noch reichlich Biss haben. Abtropfen und abkühlen lassen, dann der Länge nach vierteln.

3 Für die Marinade Olivenöl, Essig und Pfefferkörner in einen Topf geben und zum Kochen bringen. Nach Hinzufügen der Artischocken erneut aufkochen, dann den Herd ausschalten. Die Artischocken in der Marinade abkühlen lassen.

4 Die Artischocken mit einem Schaumlöffel herausheben und in ein sterilisiertes Glas mit säurebeständigem Deckel füllen. Mit der Marinade übergießen (nach Belieben durch ein Sieb), sodass die Artischocken vollständig bedeckt sind. Das Glas verschließen, etikettieren und in den Kühlschrank stellen. Auch nach dem Öffnen im Kühlschrank aufbewahren und den Inhalt innerhalb von zwei Monaten verbrauchen. Nach Bedarf Öl ergänzen, damit die Artischocken bedeckt bleiben.

Das Einlegen in Olivenöl macht diesen pikanten Käse haltbarer und aromatischer und verhindert, dass er austrocknet. Er schmeckt in sommerlichen Salaten, über in Scheiben geschnittene Tomaten gekrümelt oder mit Salat und Oliven in Pittabrot.

Feta in Olivenöl

ERGIBT 350 ML
(1 MITTLERES GLAS)

FERTIG IN 10 MINUTEN

HALTBAR GEKÜHLT 4 MONATE

ZUTATEN

etwa 150 ml bestes Olivenöl

Saft von 2 Zitronen

1 Handvoll Thymian oder Oregano, nur die Blätter

1 TL grüne Pfefferkörner (nach Belieben)

frisch gemahlener schwarzer Pfeffer

200 g griechischer Feta, in mundgerechte Würfel geschnitten

1 Olivenöl, Zitronensaft, Thymian oder Oregano und, sofern verwendet, grüne Pfefferkörner in eine große Schüssel geben, sorgfältig vermischen und mit etwas frisch gemahlenem schwarzen Pfeffer würzen (Salz ist nicht erforderlich, da der Käse bereits salzig ist).

2 Den Käse in ein sterilisiertes Glas füllen und die Ölmischung darübergießen. Den Käse leicht herunterdrücken, um Lufteinschlüsse zu entfernen, und nach Bedarf noch Öl ergänzen, damit die Würfel vollständig bedeckt sind. Das Glas verschließen, etikettieren und in den Kühlschrank stellen. Auch nach dem Öffnen im Kühlschrank aufbewahren und den Inhalt innerhalb von vier Monaten verbrauchen. Nach Bedarf Öl ergänzen, damit der Käse stets vollständig bedeckt ist.

Man kann sich kaum eine bessere Art vorstellen, um reife Paprikaschoten zu genießen. Das Rösten im Backofen intensiviert ihr Aroma und lässt sie schmelzend weich werden. Perfekt zu Nudeln, als Belag für Bruschetta oder in Salaten.

Paprikaschoten in Öl

ERGIBT ETWA 750 ML
(2 MITTELGROSSE GLÄSER)
FERTIG IN 40 MINUTEN
HALTBAR GEKÜHLT 3–4 WOCHEN

ZUTATEN

3 rote Paprikaschoten

3 orangefarbene Paprikaschoten

3 gelbe Paprikaschoten

1 TL getrockneter Oregano

Meersalz und frisch gemahlener schwarzer Pfeffer

500 ml bestes Olivenöl

2 EL Apfelessig

1 Den Backofengrill vorheizen. Die Paprikaschoten auf einem Backblech verteilen und für 25–30 Minuten in den Backofen schieben, bis sie schwarze Flecken bekommen. Gelegentlich wenden. Herausnehmen, in einen Folienbeutel legen und abkühlen lassen (dadurch lässt sich die Haut leichter abziehen).

2 Stiele, Samen und Scheidewände entfernen, die Haut abziehen und das Fruchtfleisch in breite Streifen schneiden. Die Streifen mit dem Oregano in eine Schüssel geben, salzen und pfeffern. 2 Esslöffel Olivenöl und den Essig vermischen, über die Paprikaschoten gießen und behutsam unterheben.

3 Die Paprikaschoten mit ihrem Saft in sterilisierte Gläser füllen und vollständig mit Olivenöl bedecken. Die Gläser verschließen, etikettieren und in den Kühlschrank stellen. Auch nach dem Öffnen im Kühlschrank aufbewahren und den Inhalt innerhalb eines Monats verbrauchen. Nach Bedarf mit Öl auffüllen, damit die Paprikaschoten stets bedeckt bleiben.

Langsam auf dem Holzkohlengrill gegarte und mit Öl beträufelte Zucchini schmecken einfach köstlich, und bei diesem Rezept ist das Resultat ähnlich. Die Zucchini mit frischen Kräutern und gehackter eingelegter Zitronenschale als Vorspeise servieren.

Gegrillte Zucchini in Öl

ERGIBT ETWA 500 ML (1 GROSSES GLAS)
FERTIG IN 30 MINUTEN
HALTBAR GEKÜHLT 3–4 WOCHEN

ZUTATEN

500 g kleine Zucchini, längs in dünne Scheiben geschnitten

3 EL einfaches Olivenöl

1 Prise Meersalz und frisch gemahlener schwarzer Pfeffer

200 ml bestes Olivenöl

Saft von 2 Zitronen

1 Die Zucchini in eine große Schüssel geben. Das einfache Olivenöl mit Salz und schwarzem Pfeffer hinzufügen. Die Zucchini mit den Händen durchheben, bis sie gleichmäßig mit Öl und Gewürzen überzogen sind.

2 Eine Grillpfanne erhitzen, bis sie heiß ist. Die Zucchinischeiben portionsweise auf jeder Seite etwa 3 Minuten garen, bis sie goldbraun sind. Mit dem Zitronensaft in eine Schüssel geben, gut durchheben und in dem Saft abkühlen lassen.

3 Die Zucchinscheiben aus dem Zitronensaft heben, in ein sterilisiertes Glas schichten, vollständig mit bestem Olivenöl bedecken und etwas zusammendrücken, um Lufteinschlüsse zu entfernen. Das Glas verschließen, etikettieren und in den Kühlschrank stellen. Auch nach dem Öffnen im Kühlschrank aufbewahren und den Inhalt innerhalb eines Monats verbrauchen. Nach Bedarf mit Öl auffüllen, damit die Zucchini stets bedeckt sind.

Gegrillte Auberginen in Öl

Die wunderbare Konsistenz gegrillter Auberginen macht sie zu einer guten Beilage für kaltes Fleisch, Salate und vegetarische Gerichte. Der Essig nimmt ihnen etwas von ihrer öligen Schwere und verleiht ihnen eine pikante Note.

ERGIBT ETWA 500 ML (1 GROSSES GLAS)

FERTIG IN 40 MINUTEN PLUS WARTEZEIT

HALTBAR GEKÜHLT 3–4 WOCHEN

ZUTATEN

- 2 mittelgroße Auberginen, längs in etwa 5 mm dicke Scheiben geschnitten
- Meersalz zum Bestreuen
- 200 ml bestes Olivenöl sowie Olivenöl zum Einpinseln
- 1 TL Thymianblätter
- 2 EL Weißweinessig

1. Die Auberginen in einen Durchschlag schichten, dabei jede Schicht großzügig mit Salz bestreuen. Für 30 Minuten beiseitestellen, dann unter fließendem kaltem Wasser abspülen und mit einem sauberen Küchenhandtuch oder Küchenpapier trocken tupfen.

2. Eine Grillpfanne erhitzen, bis sie heiß ist. Die Auberginenscheiben auf beiden Seiten mit etwas Olivenöl einpinseln und portionsweise auf jeder Seite 2–4 Minuten grillen, bis sie goldbraun sind. Herausnehmen und beiseitestellen.

3. Öl und Thymian in einem Edelstahltopf etwa 2 Minuten sanft erhitzen. Die Temperatur reduzieren. Den Essig unterrühren und die Auberginen hinzufügen. Den Topfinhalt zum Kochen bringen. Den Herd ausschalten und die Auberginen vollständig abkühlen lassen.

4. Die Auberginen vorsichtig in ein sterilisiertes Glas heben. Die Marinade durch ein feines Sieb auf die Auberginen gießen, sodass sie vollständig bedeckt sind, nach Bedarf weiteres Öl hinzufügen. Die Auberginen behutsam zusammendrücken, um Lufteinschlüsse zu entfernen. Das Glas verschließen, etikettieren und in den Kühlschrank stellen. Auch nach dem Öffnen im Kühlschrank aufbewahren und den Inhalt innerhalb von vier Wochen verbrauchen. Bei Bedarf Öl nachfüllen, damit die Auberginen stets bedeckt sind.

Auberginen
Die dekorativen Pflanzen gedeihen auch in Töpfen, brauchen jedoch viel Wärme. Pralle kleine oder mittelgroße Früchte mit glänzender Schale verwenden, die auf Fingerdruck leicht nachgeben.

EINLEGEN IN ÖL

Das Einlegen in Öl ist von jeher die beste Methode, um Oliven haltbar zu machen und sie prall und saftig zu erhalten. Durch die Zugabe von Kräutern und Gewürzen werden sie noch besser. Nur gute Oliven kaufen und stets einen Geschmackstest machen.

Gemischte Oliven in Öl

ERGIBT ETWA 500 ML (1 GROSSES GLAS)
FERTIG IN 10 MINUTEN
HALTBAR GEKÜHLT 4 MONATE

ZUTATEN

etwa 200 ml bestes Olivenöl

3 EL Weißweinessig

1 TL Koriandersamen

1 TL Fenchelsamen, zerstoßen

1 TL Kreuzkümmelsamen, zerstoßen

abgeriebene Schale von 1 unbehandelten Orange

1 Prise Chiliflocken

Meersalz und frisch gemahlener schwarzer Pfeffer

150 g große saftige schwarze Oliven mit Steinen

150 g große saftige grüne Oliven mit Steinen

1 2 Teelöffel Olivenöl, Weißweinessig, Koriandersamen, Fenchelsamen, Kreuzkümmelsamen, abgeriebene Orangenschale und Chiliflocken in einer Schüssel vermischen und großzügig salzen und pfeffern.

2 Die Oliven in ein sterilisiertes Glas füllen. Mit der Marinade übergießen und mit Olivenöl auffüllen, sodass sie vollständig bedeckt sind. Das Glas verschließen, etikettieren und in den Kühlschrank stellen. Die Oliven auch nach dem Öffnen im Kühlschrank aufbewahren und innerhalb von vier Wochen verbrauchen. Nach Bedarf Öl auffüllen, damit sie stets bedeckt sind.

EINLEGEN IN ÖL

Die Spargelsaison ist recht kurz, und so macht es Sinn, dieses Gemüse in Öl einzulegen, um länger etwas davon zu haben. Sein einzigartiges Aroma wird durch das Grillen intensiviert. Für Salate, Nudelgerichte und Risotto verwenden.

Grüner Spargel in Öl

ERGIBT ETWA 500 ML (1 HOHES GLAS)

FERTIG IN 20 MINUTEN

HALTBAR GEKÜHLT 3 WOCHEN

ZUTATEN

350 g mitteldicker grüner Spargel, auf Höhe des Einmachglases gekürzt

200 ml bestes Olivenöl sowie Olivenöl zum Überziehen

Meersalz und frisch gemahlener schwarzer Pfeffer

Saft von 2 Zitronen

1 Den Spargel in etwas Olivenöl legen und mit den Händen darin wenden, um ihn zu überziehen, dann großzügig salzen und pfeffern.

2 Eine Grillpfanne erhitzen, bis sie heiß ist. Den Spargel portionsweise unter gelegentlichem Wenden etwa 5 Minuten garen, bis er dunkle Streifen bekommt und gar ist, aber noch Biss hat.

3 Den Spargel mit dem Zitronensaft in eine Schüssel geben, durchheben und im Saft abkühlen lassen. Die Stangen mit den Köpfen nach oben dicht an dicht in ein sterilisiertes Glas stellen und vollständig mit Öl bedecken. Das Glas verschließen, etikettieren und in den Kühlschrank stellen. Auch nach dem Öffnen im Kühlschrank aufbewahren und den Inhalt innerhalb von drei Wochen verbrauchen. Nach Bedarf Öl auffüllen, damit die Stangen stets bedeckt sind.

Spargel
Spargel ist eine besondere Delikatesse, aber nicht ganz einfach anzubauen. Die Setzlinge müssen zunächst zwei Jahre wachsen, damit sie kräftig werden. Danach bilden sie Jahr für Jahr mehr köstliche Stangen aus.

Pilze werden kurz blanchiert, bevor man sie in Öl einlegt. Man kann eine Mischung aus verschiedenen Zuchtpilzen oder selbst gesammelte Pilze verwenden. Gut als Antipasto, in Nudelsaucen und Schmorgerichten – und nicht zu vergessen auf einer Pizza.

Pilze in Olivenöl

ERGIBT ETWA 500 ML (1 GROSSES GLAS)

FERTIG IN 20 MINUTEN

HALTBAR GEKÜHLT 3–4 WOCHEN

ZUTATEN

500 g Pilze, große in Scheiben geschnitten, kleine ganz verwendet, abgerieben, aber nicht gewaschen

2 EL Apfelessig

1 TL Thymianblätter

Meersalz und frisch gemahlener schwarzer Pfeffer

150 ml bestes Olivenöl

1 Die Pilze in einen Topf mit kochendem Salzwasser geben und 3 Minuten blanchieren. Gut abtropfen lassen und beiseitestellen, bis sie vollständig abgekühlt sind.

2 In einer kleinen Schüssel Essig und Thymian vermischen und großzügig salzen und pfeffern. Die Pilze hinzufügen und durchheben, um sie mit dem aromatisierten Essig zu überziehen.

3 Die Pilze mit dem Essig in ein sterilisiertes Glas mit säurebeständigem Deckel füllen. Das Olivenöl dazugießen und die Pilze vollständig damit bedecken. Das Glas sollte nicht ganz voll sein. Verschließen und einige Male auf den Kopf drehen, um die Pilze mit Öl zu überziehen. Etikettieren und in den Kühlschrank stellen. Auch nach dem Öffnen im Kühlschrank aufbewahren und die Pilze innerhalb eines Monats verbrauchen. Nach Bedarf Öl auffüllen, damit sie immer bedeckt sind.

Champignons
Für dieses Rezept eignen sich kleine, geschlossene Pilze besser als große Pilze mit offenen Hüten. Ideal sind braune Bio-Champignons, da sie wenig Wasser enthalten und viel Aroma mitbringen.

Das **Einsalzen, Pökeln & Wursten** beschert uns einige der beliebtesten Nahrungsmittel überhaupt. In den meisten modernen zentralbeheizten Eigenheimen gibt es allerdings keine ausreichend kalten Keller mehr, um Produkte auf diese traditionelle Art zu konservieren, sodass man heutzutage einen großen Kühlschrank braucht, wenn man selbst **Fisch beizen, Fleisch pökeln** und die Kunst des **Wurstens** ausüben will. Bei all diesen Konservierungsmethoden ist penible Hygiene unabdingbar, insbesondere für die Haltbarkeit von Fleisch und Fisch ist sie entscheidend.

Die besten Zutaten zum ...
Einsalzen, Pökeln und Wursten

Hier ist ganz sicher für jeden Geschmack etwas dabei. Doch was immer Sie auch konservieren – achten Sie unbedingt auf beste Qualität, vor allem bei Fleisch.

Rinderbrust
Dieses preiswerte wohlschmeckende Stück eignet sich ideal zum Einsalzen und Pökeln. Stets Fleisch von Tieren aus traditioneller Weidehaltung verwenden.

Schinkenstück
Eine Schweinekeule kann zur Schinkenherstellung gepökelt werden (s. S. 224–225). Der Knochen wird vorher entfernt.

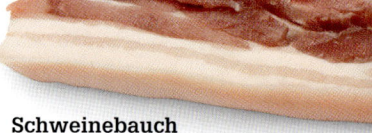

Schweinebauch
Preiswertes, aber gutes Stück zur Herstellung von durchwachsenem Speck (s. S. 228–229). Fleisch aus Intensivhaltung ist meist zu mager und hat nur wenig Geschmack.

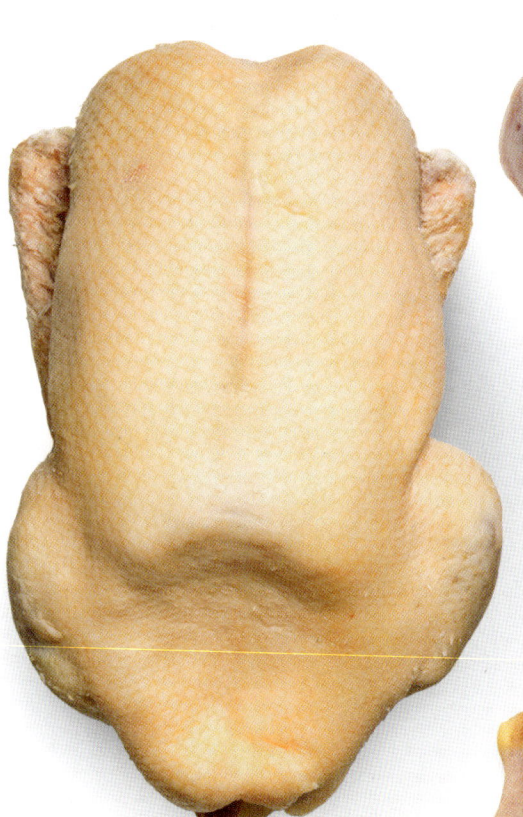

Schweinelende
Hochwertiges Stück zur Herstellung von magerem Lendenschinken. Fleisch aus artgerechter Haltung verwenden.

Gans
Das Geflügel mit dem intensivsten Geschmack und dem meisten Fett. Für ein Confit eine ganze Gans (zerlegt) oder Keulen verwenden.

Entenkeule
Zum erfolgreichen Wursten muss Geflügel ausreichend natürliches Fett und gutes Fleisch besitzen – bei Entenkeulen ist beides gegeben.

Einlegegurke
Mithilfe von Salz kann man Gurken und andere Gemüse haltbar machen. Die entstehende Milchsäure wirkt konservierend und fördert gute Bakterien in der menschlichen Darmflora.

Zitronen
Salz macht Zitronen (und Limetten) haltbar (s. S. 216–217). Die pikanten Zitrusfrüchte sollten in keiner Küche fehlen. Feste, reife Bio-Zitronen eignen sich am besten.

Rotkohl
Eingesalzener Rotkohl (s. S. 212–213) stärkt das Immunsystem, beugt Krankheiten vor und ist aufgrund der Milchsäuregärung verdauungsfördernd. Feste Köpfe auswählen.

Fisch
Da viele Fischbestände bedroht sind, Fische aus nachhaltiger Fischerei oder Bio-Aquakultur verwenden. Nur frische Fische mit klaren Augen und festes Fischfilet mit angenehmem Geruch kaufen. Beizen (s. S. 218–219) oder sauer einlegen (s. S. 220–221).

Hering

Pollack

Kabeljau

WEITERE ZUTATEN

GEMÜSE
Buschbohnen
Rettiche
Stangenbohnen

FISCH (aus nachhaltiger Fischerei)
Heilbutt
Makrelen
Sardinen
Seehecht
Seelachs
Wittling

FLEISCH (aus Bio- oder Weidehaltung)
Geflügelleber
Hammelkeule
Kaninchen
Lammkeule
Ochsenzunge
Rinderhüfte
Schweineleber
Schweineschulter
Schweinskopf

Gemüse einsalzen

Das Konservieren bestimmter Gemüse mithilfe von Salz beruht auf der Aktivität von Milchsäurebakterien, die im Gemüse vorhanden sind und mit dem Salz reagieren. Bei der so erzeugten Gärung entsteht Milchsäure.

Sauerkraut

ERGIBT ETWA 1,5 KG (2 MITTELGROSSE EINMACH-GLÄSER)

FERTIG IN 30–45 MINUTEN PLUS WARTEZEIT

HALTBAR GEKÜHLT 1–2 MONATE

ZUTATEN

2,5–3 kg fester Weißkohl oder Rotkohl oder eine Mischung

etwa 60 g grobes Meersalz oder Steinsalz

1 EL Kümmel

TIPPS

Ideal sind 20–22 °C. Bei dieser Temperatur ist das Sauerkraut nach 3–4 Wochen fertig. Bei höheren Temperaturen geht es schneller, bei niedrigen dauert es länger (bei 13–16 °C etwa 5–6 Wochen). Über 24 °C oder unter 13 °C gärt der Kohl nicht mehr und verdirbt.

Färbt sich Sauerkraut auf der Oberfläche rötlich, wird es dunkel, weich oder breiig, sollte es nicht mehr gegessen werden, da es nicht richtig vergoren ist. Vielleicht wurde zu wenig Salz verwendet, es gab Lufteinschlüsse, der Kohl war nicht vollständig bedeckt oder er wurde zu lange oder zu warm gelagert.

1 Den Kohlkopf halbieren und nach Entfernen von äußeren Blättern und Strunk vierteln, dann mit einem scharfen Messer oder mit einer Küchenmaschine in feine Streifen schneiden. Den Kohl abwiegen und die notwendige Menge Salz berechnen: auf 1 kg Kohl 25 g Salz geben.

2 Den Kohl in eine große saubere Schüssel geben. Das Salz gleichmäßig darüberstreuen und sorgfältig mit den Händen (wie beim Kneten von Teig) einarbeiten, bis sich der Kohl feucht anfühlt. Einige Minuten stehen lassen, damit er weicher wird und Wasser zieht.

3 Den Kohl in 5 cm dicken Schichten in ein großes Steingut- oder Glasgefäß füllen, dazwischen Kümmel streuen. Jede Schicht kräftig zusammendrücken, etwa mit einem Stößel oder einem Kartoffelstampfer. Oben 7–8 cm frei lassen. Die Flüssigkeit aus der Schüssel hinzufügen und mit kalter Salzlake (1½ EL Salz auf 1 l kochendes Wasser geben) aufgießen.

4 Das Gefäß auf einen Untersatz stellen, mit sauberem Musselin abdecken und einen Teller passender Größe daraufsetzen. Den Teller beschweren.

5 Den Kohl bei Zimmertemperatur an einen gut belüfteten Platz stellen (siehe Kasten links) und täglich prüfen, ob er noch mit Lake bedeckt ist. Regelmäßig Schaum abschöpfen und den Musselin erneuern.

6 Die Gärung ist abgeschlossen, wenn sich keine Bläschen mehr bilden. Den Kohl in sterilisierte Gläser füllen und im Kühlschrank aufbewahren.

Kimchi

Von dieser traditionellen koreanischen Spezialiät gibt es zahlreiche Abwandlungen. Kimchi schmeckt am besten, wenn es einige Tage im Kühlschrank durchziehen konnte. Als Beilage zu Reisgerichten, Fleisch, Hähnchen, Fisch oder Käse servieren.

ERGIBT ETWA 450–600 G

FERTIG IN 25 MINUTEN PLUS WARTEZEIT

HALTBAR GEKÜHLT 2 WOCHEN

ZUTATEN

1 kleiner Chinakohl

2 EL Meersalz

4 Frühlingszwiebeln, gehackt

2,5 cm Ingwerwurzel, geschält und gerieben

1 Knoblauchzehe, zerdrückt

4 EL Reisessig

1 EL thailändische Fischsauce (Nam pla)

Saft von 1 Limette

2 EL Sesamöl

2 EL geröstete Sesamsamen

2 EL Sambal oelek

1 Den Chinakohl der Länge nach vierteln und dann in 5 cm große Stücke schneiden. In einen Durchschlag geben, der auf einer Schüssel steht. Das Salz hinzufügen und gut untermischen. Den Kohl über Nacht bei Zimmertemperatur stehen lassen.

2 Den Kohl sorgfältig waschen, um das Salz zu entfernen, dabei mit beiden Händen durchheben. Abtropfen und auf Küchenpapier trocknen lassen.

3 Die Kohlstücke in einen Gefrierbehälter geben, in dem 600 g Kohl Platz haben. Die restlichen Zutaten hinzufügen und sorgfältig untermischen.

4 Den Gefrierbehälter verschließen und bei Zimmertemperatur über Nacht stehen lassen, dann in den Kühlschrank stellen. Den Kohl innerhalb von zwei Wochen verbrauchen.

Salzgurken schmecken anders als Essiggurken. Man verwendet dafür kleine Freilandgurken vom Markt oder aus dem eigenen Garten. Die großen Salatgurken enthalten für dieses Verfahren zu viel Wasser.

Salzgurken mit Dill

ERGIBT ETWA 1 KG
(1 GROSSES EINMACHGLAS)

FERTIG IN 30 MINUTEN

HALTBAR GEKÜHLT 2 WOCHEN

ZUTATEN

30 g Meersalz

4 EL Dill, gehackt

1 EL Estragon, gehackt

1 TL schwarze Pfefferkörner

1 TL Selleriesamen

2 Freilandgurken, etwa 18 cm lang, längs geviertelt, oder bis zu 8 kleinere ganze Einlegegurken

4 Perlzwiebeln oder Schalotten, geschält und in dicke Scheiben geschnitten

1 Das Salz mit 600 ml Wasser in einen Topf geben und das Wasser unter Rühren behutsam erhitzen, bis sich das Salz aufgelöst hat, dann zum Kochen bringen.

2 Die Hälfte der frischen Kräuter, Pfefferkörner und Selleriesamen auf dem Boden des Einmachglases verteilen. Gurken und Zwiebelscheiben dicht gepackt in das Glas füllen und die restlichen Kräuter und Gewürze hinzufügen.

3 So viel kochendes Salzwasser dazugießen, dass die Gurken vollständig bedeckt sind. Das Glas verschließen und für 4–6 Wochen an einen kühlen, dunklen Platz stellen. Die Gurken nach dem Öffnen im Kühlschrank aufbewahren und innerhalb von zwei Wochen verbrauchen.

Zitronen konservieren

Im Nahen Osten ist es üblich, Zitronen in Salz einzulegen, wodurch ihre Schale weich wird und einen herben Geschmack annimmt. Man kann sie in kleinen Mengen für Schmorgerichte, Salate oder Saucen verwenden.

Eingelegte Zitronen

ERGIBT ETWA 500 G (1 KLEINES EINMACHGLAS)

FERTIG IN 10 MINUTEN PLUS WARTEZEIT

HALTBAR GEKÜHLT 6–9 MONATE

ZUTATEN

4 unbehandelte Zitronen, gewaschen

120 g grobes Meersalz

einige Lorbeerblätter, ½ TL schwarze Pfefferkörner, 1 getrocknete Chilischote, einige Nelken, Koriandersamen oder Kreuzkümmelsamen (nach Belieben)

frisch gepresster Saft von 2 weiteren Zitronen

1 Jede Zitrone mit einem scharfen Messer am unteren Ende kreuzförmig einschneiden. Auf diese Weise sollten vier Viertel entstehen, die an der Oberseite noch verbunden sind.

2 Die Zitronen etwas auseinanderdrücken und Salz in die Öffnungen geben. Die Zitronen dicht an dicht in ein sterilisiertes Glas füllen, dazwischen, falls gewünscht, Gewürze nach Wahl verteilen (sie sehen hübsch aus, wenn die Zitronen verschenkt werden sollen). Das restliche Salz in das Glas geben.

3 Den Zitronensaft dazugießen und falls nötig abgekochtes und abgekühltes Wasser ergänzen. Das Glas verschließen und bei Zimmertemperatur stehen lassen. Ab und zu auf den Kopf drehen, um Salz und Saft zu verteilen. Die Zitronen 3–4 Wochen stehen lassen, damit die Schale weich wird.

Zitronen in Lake
Die Zitronen nach dem Öffnen kalt stellen und darauf achten, dass sie stets mit Lake bedeckt sind. Zur Verwendung die benötigte Menge herausnehmen und das Fruchtfleisch abschaben. Die Schale unter fließendem kaltem Wasser abwaschen. Nur sie wird verwendet.

Fisch beizen

»Graved Lachs« entsteht durch eine traditionelle skandinavische Konservierungsmethode. Wildlachs sollte man zunächst über Nacht einfrieren und dann im Kühlschrank wieder auftauen, um Parasiten abzutöten.

Graved Lachs

ERGIBT 1 KG

FERTIG IN 20 MINUTEN, PLUS WARTEZEIT

HALTBAR GEKÜHLT 3–4 TAGE (EINGEFROREN 2 MONATE)

ZUTATEN

- 85 g Zucker
- 30 g Dill, gehackt
- 1 EL Zitronensaft
- 75 g feines Meersalz
- 1 TL frisch gemahlener schwarzer Pfeffer
- 2 sehr frische, dicke Bio-Lachsfilets, jeweils 500 g schwer

---

FISCH EINSALZEN

Das Einsalzen von Fisch ist eine einfache Methode, um Fischfilets vor dem Garen im Kühlschrank 1–2 Tage frisch zu halten. Das Salz entzieht dem Fisch Feuchtigkeit, der dadurch mehr Aroma entwickelt und fester wird. Fischfilets gleicher Größe in Meersalz wenden, Überschuss abschütteln. Dünne Filets 5–10 Minuten kalt stellen, mittlere 10–15 Minuten, dicke 15–30 Minuten. Abspülen und trocken tupfen. In Klarsichtfolie eingewickelt sind sie im Kühlschrank zwei Tage haltbar.

1 Zucker, Dill, Zitronensaft, Salz und Pfeffer in eine kleine Schüssel geben und sorgfältig vermischen.

2 Ein Lachsfilet, Hautseite unten, in ein sauberes flaches Gefäß legen und gleichmäßig mit der Würzmischung bedecken.

3 Das zweite Filet, Hautseite oben, darauflegen. In Klarsichtfolie wickeln, mit einem Brettchen und einem Gewicht beschwert für 48 Stunden kalt stellen.

4 Die Filets alle 12 Stunden wenden und Flüssigkeit abgießen, damit das Fleisch fest wird. Herausnehmen, auswickeln und mit Küchenpapier trocken tupfen.

Graved Lachs aufschneiden
Den Fisch mit einem scharfen Messer schräg in dünne Scheiben schneiden. Im Kühlschrank aufbewahren und innerhalb von 3–4 Tagen verbrauchen. Mit Zitronenspalten oder Meerrettichsauce (s. S. 188) servieren.

Fisch sauer einlegen

Das Einlegen von Fisch in Essig »gart« ihn faktisch und löst winzige Gräten auf. Der Essigsud kann beliebig sauer sein (für ein mildes Aroma nur die halbe Essigmenge verwenden). Rollmöpse sind eine leckere Vorspeise.

Rollmöpse

ERGIBT ETWA 750 ML (1 MITTELGROSSES EINMACHGLAS)
FERTIG IN 20–25 MINUTEN PLUS WARTEZEIT
HALTBAR GEKÜHLT 1 MONAT

ZUTATEN

6–8 sehr frische Heringsfilets mit Haut, sichtbare Gräten entfernt

Für die Lake

65 g Meersalz pro 500 ml kaltes Wasser

Für den Würzessig

500 ml Apfelessig oder Weißweinessig

1 EL hellbrauner Zucker

6 schwarze Pfefferkörner

6 Pimentkörner

1 Stück Muskatblüte

3 Lorbeerblätter

1 getrocknete Chilischote

Außerdem

1 rote Zwiebel, geschält, halbiert und in dünne Scheiben geschnitten

6–8 Gewürzgurken (s. S. 140–141)

1 Das Salz im Wasser auflösen. Den Fisch mit der Lake übergießen und für 2–3 Stunden beiseitestellen, dann abtropfen lassen und trocken tupfen.

2 Essig mit Zucker und Gewürzen in einen Topf geben, langsam zum Kochen bringen und 1–2 Minuten kochen lassen. Zum Abkühlen beiseitestellen.

3 Die Filets mit der Hautseite nach unten legen. Je 1 Scheibe Zwiebel und 1 Gurke auf das Schwanzende legen. Aufrollen und mit Spießen zusammenstecken.

4 Die Rollmöpse in ein sterilisiertes Einmachglas legen, in dem sie gerade Platz haben, und mit dem kalten Würzessig übergießen, sodass sie vollständig bedeckt sind.

5 Das Glas verschließen und für drei bis vier Tage in den Kühlschrank stellen. Die Rollmöpse stets mit Essig bedeckt halten.

Ob einfach nur eingesalzen oder durch Marinieren zusätzlich aromatisiert – diese Heringe schmecken in einem Salat mit Roten Rüben, Radicchio und Sauerrahm oder Meerrettichsauce (s. S. 188) ebenso gut wie als rasch zubereitete Vorspeise.

Salzheringe

ERGIBT 2–4 PORTIONEN ODER 1 KLEINES EINMACHGLAS

FERTIG IN 30 MINUTEN PLUS WARTEZEIT

HALTBAR UNMARINIERT 1 WOCHE, MARINIERT 2 WOCHEN

ZUTATEN

2 sehr frische Heringsfilets ohne Gräten

2 kleine Streifen Schale von einer unbehandelten Zitrone (nach Belieben)

Olivenöl zum Bedecken

Für die Salzmischung

2 TL feines Meersalz

2 TL Zucker

1 TL Weinbrand

frisch gemahlener schwarzer Pfeffer

2 TL gehackter Dill

1. Die Heringsfilets säubern, verbliebene Gräten und überflüssige Haut entfernen.

2. Ein Filet mit der Hautseite nach unten auf einen sauberen Teller legen. Die Zutaten für die Salzmischung verrühren und gleichmäßig auf dem Filet verteilen. Das zweite Filet mit der Hautseite nach oben darauflegen.

3. Die Filets mit Klarsichtfolie umwickeln und mit einem Gewicht beschweren. Für 24 Stunden in den Kühlschrank stellen, nach der Hälfte der Zeit wenden (ausgetretene Flüssigkeit abgießen).

4. Die Heringe auf einen sauberen trockenen Teller legen und mit Klarsichtfolie abgedeckt in den Kühlschrank stellen. Sie sind nun verzehrbereit.

5. Um den Heringen durch Marinieren zusätzlichen Geschmack zu verleihen, die Filets in Streifen schneiden und dabei überflüssige Haut (falls gewünscht auch die gesamte Haut) entfernen.

6. Die Heringe in ein kleines sterilisiertes Glas legen und, sofern verwendet, die Zitronenschale hinzufügen. Vollständig mit Olivenöl bedecken und vor dem Verzehr für 48 Stunden in den Kühlschrank stellen.

Escabeche bedeutet im Spanischen »eingelegt« und ist eine beliebte Methode, um frischen Fisch zuzubereiten. Manche Köche verwenden dazu am liebsten Fettfische, weißfleischiger Fisch wie Seelachs ergibt jedoch einen feineren Geschmack.

Escabeche

ERGIBT 4–6 PORTIONEN
FERTIG IN 45 MINUTEN
PLUS WARTEZEIT
HALTBAR GEKÜHLT 3 TAGE

ZUTATEN

700 g dickes Seelachsfilet ohne Haut

3 EL Mehl

Salz und frisch gemahlener schwarzer Pfeffer

2 TL frischer Thymian oder 1 TL getrockneter Thymian sowie Thymianzweige oder etwas gehackte Petersilie zum Garnieren

6 EL Olivenöl

1 Zwiebel, in dünne Ringe geschnitten

1 große Knoblauchzehe, zerdrückt

1 Möhre, in dünne Stifte geschnitten

1 rote Paprikaschote, halbiert, geputzt und in schmale Streifen geschnitten

1 Stange Sellerie, in dünne Stifte geschnitten

2,5 cm Ingwerwurzel, gerieben

2–4 große grüne Chilischoten, geputzt und in Scheiben geschnitten

250 ml Weißweinessig

¼ TL Meersalz

½ TL Zucker

6 EL Olivenöl sowie Öl zum Beträufeln

1 Den Fisch in 5 cm große Stücke schneiden. Das Mehl mit etwas Salz und Pfeffer und dem Thymian vermischen und den Fisch darin wenden.

2 In einer Pfanne 3 Esslöffel Olivenöl erhitzen und die Fischstücke rundum etwa 4 Minuten braten, bis sie gebräunt und gerade gar sind. In eine große flache Servierschüssel heben.

3 Die Pfanne auswischen, weitere 3 Esslöffel Olivenöl darin erhitzen und Zwiebel, Knoblauch, Möhre, Paprikaschote und Staudensellerie darin 5 Minuten behutsam braten, bis sie weich sind, aber noch etwas Biss haben. Mit einem Schaumlöffel herausheben und beiseitestellen.

4 Die restlichen Zutaten in die Pfanne geben, zum Kochen bringen und bei reduzierter Temperatur 5 Minuten köcheln lassen. Die Gemüse unterrühren und die Mischung über den Fisch gießen. Etwas abkühlen lassen, dann zugedeckt über Nacht stehen lassen. Am nächsten Tag mit etwas Olivenöl beträufelt und mit etwas Thymian oder Petersilie bestreut bei Zimmertemperatur servieren. Der Fisch kann auch bis zu drei Tage im Kühlschrank aufbewahrt werden (vor dem Anrichten und Servieren wieder auf Zimmertemperatur bringen).

Fleisch nass pökeln

Es gibt mehrere Möglichkeiten, um Schinken herzustellen – dies ist eine gute Grundmethode. Die Kühlschranktemperatur muss sehr niedrig (unter 5 °C) und das Fleisch beim Pökeln vollständig in die Lake eingetaucht sein.

Gekochter Schinken

ERGIBT 2,5 KG

FERTIG IN 3 STUNDEN 45 MINUTEN PLUS WARTEZEIT

HALTBAR GEGART 4–5 TAGE

ZUTATEN

2,5 kg Schweinekeule mit Schwarte

Für die Pökelmischung

700 g Pökelsalz

30 g hellbrauner Zucker

25 g Ascorbinsäure

Für das Garen des Schinkens

2 kleine Gläser Cidre

1 getrocknetes Lorbeerblatt

12 schwarze Pfefferkörner

6 Nelken

SCHINKENBRATEN

Nach dem Kochen kann der Schinken mit einer süßen Glasur überzogen und im Backofen gebraten werden. Für die Glasur je 2 EL Ahornsirup, Honig und Senf vermischen oder 5 EL Orangenmarmelade auf den Schinken streichen und diesen 30–40 Minuten im 200° (Umluft 180 °C) heißen Ofen backen.

1 In eine große Kunststoffbox mit Deckel 6 Liter Wasser geben und die Pökelzutaten hinzufügen. Rühren, bis sie sich aufgelöst haben.

2 Das Fleisch hineinlegen und mit einem Teller beschweren, damit es eingetaucht bleibt. Die Box verschließen und für 25 Tage in den Kühlschrank stellen.

3 Das Fleisch herausnehmen und mit Küchenpapier trocken tupfen. Mit Küchengarn rund binden. Auf ein Gitter auf eine Platte setzen und für 3–4 Tage in den Kühlschrank stellen.

4 Das Fleisch für 1 Stunde in kaltes Wasser legen. In einem großen Topf Wasser zum Kochen bringen. Schinken, Cidre und Aromazutaten hineingeben und zugedeckt 3–3½ Stunden sieden lassen.

5 Der gegarte Schinken hält im Kühlschrank 4–5 Tage (eingefroren 2–3 Monate), ungegart hält er 1–3 Tage (eingefroren 1–2 Monate). In dünne Scheiben geschnitten servieren.

Pökeln ist eine interessante Methode, um preiswertere Stücke vom Rind zuzubereiten. Durch das Salzen werden Geschmack und Konsistenz des Fleischs völlig verändert. Mit einem Salat als Vorspeise servieren oder als Belag für Sandwiches verwenden.

Gepökeltes Rindfleisch

ERGIBT 1 KG

FERTIG IN 3–5 STUNDEN PLUS WARTEZEIT

HALTBAR GEKÜHLT 7 TAGE

ZUTATEN

| 1 kg Rinderbrust, pariert und gebunden |
| 6 Wacholderbeeren, zerstoßen |
| 1 Lorbeerblatt |
| 1 Zweig Thymian oder Rosmarin |
| 2 Möhren, grob gehackt |
| 1 große Zwiebel |

Für die Salzmischung

| 400 g Meersalz |
| 200 g brauner Zucker |
| 15 g Ascorbinsäure |
| 10–12 cm Ingwerwurzel, geschält und in einer Knoblauchpresse oder im Mörser zerdrückt |
| 20 g grob gemahlener schwarzer Pfeffer |

1 Prüfen, ob das Fleisch fest zusammengerollt ist. Die Zutaten für die Salzmischung und 5 Liter Wasser in einen großen Topf geben. Das Wasser langsam zum Kochen bringen und rühren, bis sich Salz und Zucker aufgelöst haben. Den Herd ausschalten. Wacholderbeeren, Lorbeerblatt und Thymian oder Rosmarin in den Topf geben und die Mischung abkühlen lassen.

2 Das Fleisch in eine tiefe Schüssel oder Kunststoffbox legen und mit der Lake übergießen. Es muss vollständig bedeckt sein. Für 4–6 Tage in den Kühlschrank stellen, nach der Hälfte der Zeit wenden.

3 Das Fleisch aus der Lake nehmen und gut abwaschen, die Lake weggießen. Das Fleisch mit Möhren und Zwiebel in einen großen Topf geben und mit kaltem Wasser bedecken. Den Topfinhalt zum Kochen bringen, dann zugedeckt bei milder Hitze 3 Stunden sieden lassen. Nach Bedarf kochendes Wasser nachfüllen. Das Fleisch garen, bis es sehr weich ist.

4 Wird es heiß serviert, das Fleisch 30 Minuten im Garsud ruhen lassen, dann in dicke Scheiben schneiden und mit Kartoffelpüree und Gemüse servieren.

5 Wird es kalt serviert, das Fleisch im Sud auskühlen lassen und nach dem Abtropfen in Wachspapier wickeln. Mit einem Brettchen und 1–2 Kilogramm Gewicht beschwert über Nacht in den Kühlschrank stellen. Zum Servieren in dünne Scheiben schneiden.

Wenn Ihr Kühlschrank groß – und kalt – genug ist, um einen Truthahn während des Pökelns zu beherbergen, sollten sie die Möglichkeit nutzen, Ihren Weihnachtsbraten auf diese Weise zu optimieren. Das Fleisch ist sehr zart und eines Festmahls würdig.

Gepökelter Truthahn

ERGIBT 2 KG

FERTIG IN 2 STUNDEN 20 MINUTEN PLUS WARTEZEIT

HALTBAR GEKÜHLT 7 TAGE

ZUTATEN

1 Truthahn ohne Flügel und Schenkel, etwa 2 kg schwer
250 g feines Meersalz
50 g Zucker
Schale von 1 unbehandelten Orange
Schale von ½ unbehandelten Zitrone oder Limette
1 Lorbeerblatt
1 kleiner Zweig Rosmarin
75 ml Wodka oder Gin (nach Belieben)
Zum Braten auf dem Rost
etwas Olivenöl
Meersalz und frisch gemahlener schwarzer Pfeffer
Speckscheiben (nach Belieben)
Zum Schmoren
2 Möhren, gehackt
1 große Zwiebel, gehackt
1 Stange Sellerie, gehackt
etwas Olivenöl und Butter

1 Den Truthahn im Kühlschrank aufbewahren, während die Lake zubereitet wird. Salz, Zucker und 5 Liter Wasser in einem sehr großen Suppentopf zum Kochen bringen, dann von der Kochstelle nehmen. Aromazutaten und, falls verwendet, den Alkohol hinzufügen. Abkühlen lassen, in eine saubere große Schüssel aus Kunststoff oder Edelstahl gießen und im Kühlschrank kalt stellen.

2 Den Truthahn in die sehr kalte Lake einlegen und für 8 Tage in den 5 °C kalten Kühlschrank stellen.

3 Das Fleisch aus der Lake nehmen, abspülen und in frischem, sehr kaltem Wasser noch einmal für 30 Minuten in den Kühlschrank stellen. Die Lake weggießen. Den Truthahn mit Küchenpapier trocken tupfen, auf eine mit Küchenpapier abgedeckte Platte legen und zum Abtrocknen für 1–3 Stunden kalt stellen.

4 Zum Braten auf dem Rost das Fleisch mit Olivenöl einreiben, salzen und pfeffern, mit Speckscheiben belegen und für 1¼–1½ Stunden in den 190 °C (Umluft 170 °C) heißen Backofen schieben. Beschöpfen ist nicht erforderlich. Zum Schmoren eine Schicht Möhren, Zwiebeln und Sellerie auf dem Boden eines ofenfesten Bräters verteilen. Das Fleisch in etwas Butter und Öl anbraten, dann auf das Gemüse setzen und so viel Wasser hinzufügen, dass diese bedeckt sind. Mit fest aufgelegtem Deckel für 1½–1¾ Stunden in den 160 °C (Umluft 140 °C) heißen Backofen schieben. Der Braten ist fertig, wenn beim Einstechen klarer Saft austritt.

Fleisch trocken pökeln

Die älteste Konservierungsmethode für Fleisch: man reibt es mit Salz ein und lässt es dann reifen. Das ist das beste Verfahren zur Herstellung von Frühstücksspeck. Fleisch aus Bio- oder Freilandhaltung verwenden.

Trocken gepökelter Speck

ERGIBT 2 KG

FERTIG IN 15 MINUTEN PLUS WARTEZEIT

HALTBAR GEKÜHLT 10 TAGE (EINGEFROREN 2–3 MONATE)

ZUTATEN

2 kg Schweinekotelett am Stück, ohne Knochen, aber mit der Fettschicht, möglichst von einem Tier, das vor dem Zerlegen 3–4 Tage abgehangen hat

Für die Pökelmischung

80 g Pökelsalz

40 g hellbrauner Zucker

1 gehäufter TL Ascorbinsäure

1 Das Fleisch mit der Fettseite nach unten auf ein sauberes Brett legen. Die Pökelzutaten in einer Schüssel vermischen. Das Fleisch damit rundum sorgfältig einreiben und auch die Falten nicht vergessen.

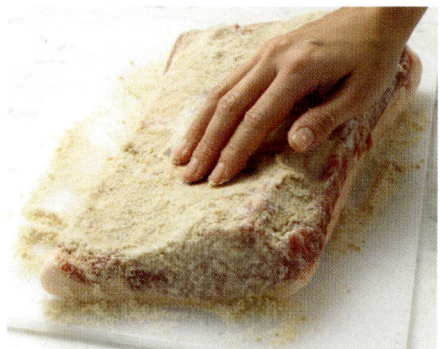

2 Das Fleisch auf einem Gitter in einen großen Kunststoffbehälter legen. Den Behälter verschließen und für 4–5 Tage in das untere Fach des Kühlschranks stellen (die Kühlschranktemperatur darf nicht über 5 °C betragen, um die Vermehrung von Keimen auszuschließen).

3 Zwischendurch die wässrige Flüssigkeit abgießen, die sich im Behälter sammelt, Rückstände der Pökelmischung aber wieder in das Fleisch reiben.

4 Eine dünne Scheibe Fleisch abschneiden. Das Stück sollte durch und durch rot sein. Ist es in der Mitte noch grau, noch einmal die halbe Menge Pökelmischung herstellen. Das Fleisch damit einreiben und im verschlossenen Behälter weitere 24 Stunden kühl stellen.

5 Den Speck in kaltem Wasser waschen, trocken tupfen, in Musselin einwickeln, wieder auf das Gitter im Behälter legen und ohne Deckel (von anderen Lebensmitteln getrennt) 4–5 Tage im Kühlschrank reifen lassen. Er wird dabei etwas dunkler und fester. Zur Probe eine Scheibe abschneiden und braten. Ist sie zu salzig, den Speck für 24 Stunden in kaltem Wasser kühl stellen, trocken tupfen und in Musselin gewickelt weitere 3–4 Tage kühl stellen.

6 Den fertigen Speck in Wachspapier wickeln und im Kühlschrank aufbewahren oder in Portionen teilen und einfrieren.

Dieses Rezept macht aus einem preiswerten Stück Schweinebauch einen herrlich saftigen Brotaufstrich. Das Fleisch für Rillette muss ausreichend Fett enthalten. Den fertigen Aufstrich mit Schmalz bedecken, damit er nicht austrocknet.

Rillette aus Schweinefleisch

ERGIBT 4–6 PORTIONEN (1 KLEINES EINMACHGLAS)

FERTIG IN 3 STUNDEN 30 MINUTEN PLUS WARTEZEIT

HALTBAR GEKÜHLT 1 MONAT

ZUTATEN

1 EL Rosmarin, gehackt

1 große Knoblauchzehe, zerdrückt

¼ TL gemahlene Nelken

2 TL Meersalz

frisch gemahlener schwarzer Pfeffer

500 g fetter Schweinebauch

1 Lorbeerblatt

60 g Schweineschmalz (nach Bedarf)

1 In einer kleinen Schüssel Rosmarin, Knoblauch, Nelken, Salz und 1 großzügige Prise Pfeffer vermischen. Den Schweinebauch rundum mit der Mischung einreiben und in einem geschlossenen Behälter für 24 Stunden in den Kühlschrank stellen.

2 Den Schweinebauch in einen ofenfesten Topf legen. Das Lorbeerblatt und 250 ml kochendes Wasser hinzufügen. Den Topf fest mit Alufolie verschließen und mit aufgelegtem Deckel in den 150 °C (Umluft 130 °C) heißen Backofen schieben. Den Schweinebauch 3 Stunden garen, bis er butterweich ist. Nach der Hälfte der Garzeit bei Bedarf 1–2 Esslöffel Wasser ergänzen.

3 Den Schweinebauch herausnehmen. Fett in der Kasserolle abschöpfen und beiseitestellen. Fleisch und Bratensaft in ein Sieb geben und über einer Schüssel abtropfen und abkühlen lassen. Sollte sich auf dem Bratensaft noch viel Fett befinden, abschöpfen und zu dem übrigen Fett geben. Den Bratensaft ebenfalls aufbewahren.

4 Die Schwarte entfernen. Den Schweinebauch auf ein Brett legen, mit zwei Gabeln zerteilen und in ein noch warmes sterilisiertes Glas füllen. Den Bratensaft dazugeben. Abgeschöpftes Fett oder Schmalz (oder eine Mischung) zerlassen und über das Fleisch gießen. Das Glas verschließen und nach dem Erkalten in den Kühlschrank stellen. Die Rillette nach dem Öffnen innerhalb von zwei Tagen verbrauchen.

Enten-Confit

Eine Spezialität aus der französischen Gascogne, wo man sie aus dem Fleisch gemästeter Enten herstellt. Sie kann auch mit Gans, Hähnchen, Wildgeflügel oder Kaninchen zubereitet werden. Wichtig ist nur, dass das Fleisch immer vollständig mit Fett bedeckt ist.

ERGIBT 4 PORTIONEN
FERTIG IN 2 STUNDEN 45 MINUTEN PLUS WARTEZEIT
HALTBAR GEKÜHLT 2 WOCHEN

ZUTATEN

4 Entenkeulen

2 EL Meersalz

8 schwarze Pfefferkörner, grob zerstoßen

2 große Knoblauchzehen, zerdrückt

¼ TL gemahlener Piment

1 TL getrockneter Thymian

2 Lorbeerblätter, in Stücke gebrochen

350 g Gänseschmalz

etwas Schweineschmalz (nach Bedarf)

1 Die Entenkeulen in einen großen Behälter mit fest schließendem Deckel legen. Salz, Pfeffer, Knoblauch, Piment, Thymian und Lorbeerblätter vermischen und das Fleisch damit einreiben. Den Behälter verschließen und für 24 Stunden kalt stellen.

2 Die Keulen unter fließendem kaltem Wasser gut waschen und mit Küchenpapier trocken tupfen (sehr wichtig, weil das Confit sonst zu salzig wird), dann in einen ofenfesten Topf legen. Das Gänseschmalz hinzufügen und etwa 10 Minuten erhitzen, bis es geschmolzen ist. Bei Bedarf etwas Schweineschmalz dazugeben, damit das Fleisch vollständig bedeckt ist.

3 Den Deckel auflegen und die Entenkeulen im 150 °C (Umluft 130 °C) heißen Backofen 2½ Stunden garen, bis sie butterweich sind.

4 Herausnehmen und abkühlen lassen, dann in einen für den Kühlschrank geeigneten Behälter legen und vollständig mit dem flüssigen Fett bedecken. Den Behälter verschließen und in den Kühlschrank stellen.

5 Zum Servieren die Keulen aus dem Fett nehmen und überschüssiges Fett abschaben. (Das Fett kann im Kühlschrank aufbewahrt und noch bis zu dreimal für Confit verwendet werden.) Eine große, schwere Pfanne erhitzen. Die Keulen mit der Hautseite nach unten hineinlegen und goldbraun und knusprig braten, dann umdrehen und bei reduzierter Hitze fertig garen, bis heiß sind – insgesamt etwa 10 Minuten.

Wurst herstellen

Selbst gemachte Würste sind frei von Zusatzstoffen und besonders lecker. Damit sie gelingen, müssen die Zutaten kalt sein, und man sollte einen Fleischwolf mit einem Aufsatz zum Wurstfüllen besitzen.

Bratwurstschnecke

ERGIBT ETWA 1 KG

FERTIG IN 30–45 MINUTEN PLUS WARTEZEIT

HALTBAR UNGEGART 1–2 TAGE, GEGART 4–5 TAGE (UNGEGART EINGEFROREN 2 MONATE)

ZUTATEN

1 m Naturdarm vom Schwein

1 kg mageres Schweinefleisch (z. B. Schulter), sehr gut gekühlt

150 g durchwachsener Speck

10 g feines Meersalz oder Steinsalz

2 Knoblauchzehen, mit 1 Prise Salz zu einer glatten Paste zerrieben

1 gestrichener TL fein gemahlener weißer Pfeffer

> **TIPP**
> Vor Beginn des Wurstens alle Küchenutensilien und abgemessenen Würzzutaten in Reichweite legen.

1 Den Darm in warmem Wasser waschen, für mindestens 2 Stunden in kaltes Wasser legen, abspülen. Bis zur Verwendung in kaltem Wasser kühl stellen.

2 Wenn die Wurst hergestellt werden soll, Fleisch und Speck grob durch den Fleischwolf drehen (oder den Speck fein hacken).

3 Alle Zutaten in eine große Schüssel geben und mit den Händen oder den Knethaken einer Küchenmaschine vermischen, dann für 2–3 Stunden kalt stellen.

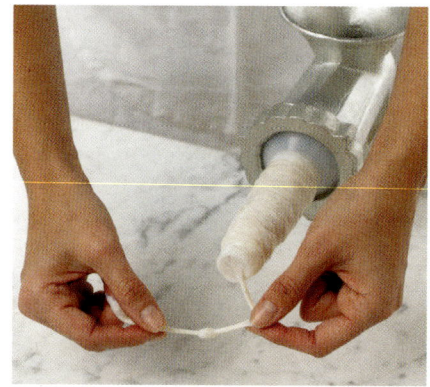

4 Eine Schüssel mit kaltem Wasser zum Händewaschen bereitstellen. Ein Stück nassen Darm über die Wursttülle ziehen und das andere Ende verknoten.

WURST HERSTELLEN 233

5 Nach und nach den Darm mit Wurstmasse füllen, dabei die Wurst mit der Hand abstützen. Die Masse in die Mitte des Darms pressen und mit der Hand Lufteinschlüsse herausdrücken.

6 Den gefüllten Darm zu einer Schnecke aufrollen und das offene Ende verknoten. Überschüssigen Darm an beiden Enden abschneiden.

7 Die Wurst auf einen sauberen Teller legen und auf der gesamten Länge mit einem sterilisierten Spieß einstechen, um noch vorhandene Luftblasen zu entfernen. Unbedeckt über Nacht kalt stellen.

Schweinswurst
Die Wurst am besten sofort braten oder in Stücke geschnitten in ein Cassoulet geben.

Frische Chorizo

Chorizo ist meist luftgetrocknet, doch auch frische Chorizo schmeckt köstlich. Frische Chorizo sollte am besten möglichst rasch verbraucht werden: Dazu brät man sie einfach oder nutzt sie für Eintöpfe, Nudelsaucen und andere pikante Gerichte.

ERGIBT ETWA 1 KG

FERTIG IN 20 MINUTEN
PLUS WARTEZEIT

HALTBAR GEKÜHLT 3–4 TAGE
(EINGEFROREN 3 MONATE)

ZUTATEN

1 m Naturdarm vom Schwein

1 kg Schweineschulter, frisch durchgedreht (s. S. 232)

15 g Meersalz

2 Knoblauchzehen, zerdrückt

15 g geräuchertes edelsüßes Paprikapulver (Pimentón dulce)

1 TL Chilipulver

½ TL fein gemahlener weißer Pfeffer

1 Den Wurstdarm in warmem Wasser waschen und dann für mindestens 2 Stunden in kaltes Wasser legen, zum Schluss abspülen. Bis zur Verwendung in einer Schüssel mit Wasser in den Kühlschrank stellen.

2 Die restlichen Zutaten in eine große Schüssel geben und mit den Händen oder den Knethaken einer Küchenmaschine vermischen. Für 2–3 Stunden in den Kühlschrank stellen, damit die Masse fest wird.

3 Den Wurstdarm gleichmäßig mit der Fleischmasse füllen (s. S. 232–233) und den Darm in regelmäßigen Abständen drehen, um einzelne Würste zu formen. Man kann aus der Masse auch Frikadellen herstellen. Dazu formt man sie mit kalten, befeuchteten Händen zu Bällchen und legt sie auf ein Blech.

4 Die Würste oder Frikadellen kühl stellen (Würste nach Möglichkeit aufhängen) und 24 Stunden abtrocknen lassen, damit sie fest werden und die Aromen sich entfalten. Bis zur Verwendung im Kühlschrank lassen.

Was britische Würste von anderen europäischen Wurstwaren unterscheidet, sind vor allem andere Gewürze und eine gewisse Menge Zwieback oder Brotkrumen. Für dieses Rezept sollte man gutes Brot verwenden.

Traditionelle britische Wurst

ERGIBT 10–12 WÜRSTE
FERTIG IN 45 MINUTEN PLUS WARTEZEIT
HALTBAR GEKÜHLT 3–4 TAGE (EINGEFROREN 3 MONATE)

ZUTATEN

1 m Naturdarm vom Schwein

150 g altbackenes gutes Weißbrot

1 kg Schweineschulter, frisch durchgedreht (s. S. 232)

15 g Meersalz

½ TL gemahlene Muskatblüte

½ TL geriebene Muskatnuss

½ TL getrockneter Rosmarin

¼ TL gemahlene Nelken

1 Den Wurstdarm in warmem Wasser waschen, dann für mindestens 2 Stunden in kaltes Wasser legen, zum Schluss abspülen. Bis zur Verwendung in einer Schüssel mit Wasser in den Kühlschrank stellen.

2 Das Brot bei niedriger Temperatur in den Backofen legen, bis es trocken, aber noch nicht gebräunt ist (die Tür eventuell leicht geöffnet lassen). In einer Küchenmaschine oder mit dem Nudelholz fein zerkrümeln.

3 Das Fleisch mit allen anderen Zutaten in eine große Schüssel geben und die Zutaten vermischen. 150 ml Eiswasser hinzufügen und mit kalten, angefeuchteten Händen sorgfältig untermischen. Die Fleischmasse über Nacht in den Kühlschrank stellen, damit sie fest wird und die Aromen verschmelzen können.

4 Den Wurstdarm gleichmäßig mit der Fleischmasse füllen (s. S. 232–233) und im Abstand von 10 cm drehen, um einzelne Würste herzustellen. Jede Wurst sollte etwa 80 g wiegen.

5 Die Würste für 24 Stunden in den Kühlschrank hängen, damit sie abtrocknen und fest werden und die Aromen verschmelzen können. Bis zur Verwendung im Kühlschrank aufbewahren.

Räuchern über der Glut eines glimmenden Feuers zählt vermutlich zu den ältesten Konservierungsmethoden der Welt. Lebensmittel kann man **kalt räuchern** (die traditionelle Methode, bei der das Räuchergut mindestens 24 Stunden bei niedriger Temperatur geräuchert wird und roh bleibt) oder **heiß räuchern** – wie in diesem Kapitel beschrieben. Das Heißräuchern von Fisch, Fleisch und bestimmten Gemüsen ist einfach, es konserviert allerdings nicht langfristig. Eine Variante dieser Methode ist das **Räuchern im Wok**, bei der das Räuchergut gegart wird und schön saftig bleibt.

Die besten Zutaten zum ...
Räuchern

Früher wurden nur besondere Fleischstücke und frische Fische aus Wildfang geräuchert. Heute kann man viele Lebensmittel räuchern, aber es lohnt sich immer noch, nur Spitzenqualität zu verwenden.

Garnelen
Die Ware sorgfältig auswählen und fischig riechende Garnelen oder Süßwassergarnelen aus Intensivhaltung meiden. Garnelen aus biologischer Haltung oder nachhaltiger Fischerei verwenden.

Fisch
In einem Räuchergerät (s. S. 240–241) oder einem Wok (s. S. 248–249) kann eine Vielzahl von Fischen geräuchert werden. Traditionell wird dazu Eichenholz verwendet, man kann aber mit anderen Hölzern experimentieren.

Makrele

Schellfisch

Seelachs

Forelle

Lachs

DIE BESTEN ZUTATEN ZUM RÄUCHERN

Miesmuscheln
Die preiswerten Miesmuscheln mit ihrem süßlichen Fleisch schmecken geräuchert absolut köstlich. Auf gute Qualität achten.

Paprikaschoten
Räuchern verleiht Paprikaschoten (und Chilis) ein feines Aroma. Wie andere Gemüse aber nicht zu lange räuchern, da sie andernfalls leicht bitter werden.

Kartoffeln
Frisch gegarte, geschälte und in Scheiben geschnittene Kartoffeln können mit Fleisch oder Fisch oder allein geräuchert werden. Nur kurz und leicht räuchern.

Knoblauch
Geräucherter Knoblauch ist beliebt. Er kann für Knoblauchbutter verwendet werden. Nur frische, pralle Knollen räuchern.

Eier
Einfache hart gekochte Eier werden durch Räuchern zur Sensation. Besonders lecker sind geräucherte und eingelegte Eier. Nur beste Qualität verwenden.

Fasan
Räuchern hebt den natürlichen Geschmack von Wild, insbesondere von Fasan. Ein ganzes Tier räuchern und dann im Ofen garen oder einzelne Brüste mit Haut räuchern.

Hähnchen
Gute Hähnchenbrust hat festes Fleisch und viel Geschmack. Sie eignet sich ideal zum Räuchern, am besten mit Haut (s. S. 240–241). Ein ganzes Hähnchen kann geräuchert und anschließend im Backofen gegart werden.

WEITERE ZUTATEN

GEMÜSE
Mais (gegart)
Topinambur (gegart)

NÜSSE
Erdnüsse
Mandeln
Pinienkerne

FISCH, MEERESFRÜCHTE
(aus nachhaltiger Fischerei)
Aal
Hai
Hering
Kabeljau
Krake
Lachsforelle
Pollack
Schwertmuscheln
Thunfisch

FLEISCH
(Bio- oder Freilandhaltung)
Hamburger
Lammkeule
Lammkoteletts
Rindfleisch (zarte Stücke wie Sirloinsteak oder Filetsteak)
Schweinekoteletts
Schweinelende
Spareribs
Würstchen

GEFLÜGEL
(Bio- oder Freilandhaltung)
Entbeinte Wachtel
Entenbrust
Gänsebrust
Putenbrust

WILD
Kaninchen
Moorhuhn
Rebhuhn
Hirsch

Heißräuchern

Gut geeignet zum Heißräuchern sind mageres Geflügel, Wild und Fisch. Ein vorangehendes Einlegen in Lake ist hilfreich, da es dem Fleisch Wasser entzieht und seinen Geschmack verbessert. Beim Räuchern gart das Fleisch.

Heiß geräucherte Hähnchenbrust

ERGIBT 4 HÄHNCHENBRÜSTE
FERTIG IN 45 MINUTEN PLUS WARTEZEIT
HALTBAR GEKÜHLT 2–3 TAGE (EINGEFROREN 2–3 MONATE)

ZUTATEN

4 Hähnchenbrüste mit Haut

Für die Lake

200 g feines Meersalz, in 1 l kochendem Wasser aufgelöst und abgekühlt

2 gestrichene EL Räucherspäne, z.B. aus Eichenholz

HEISSRÄUCHERN

Zum Räuchern sind nur Hartholzspäne geeignet.

Holzspäne nicht in Kontakt mit dem Fleisch bringen und kleine Mengen verwenden: 1 EL für mildes Aroma, 2 EL für mittelstarkes und 3 EL für starkes Raucharoma.

Ofenhandschuhe anziehen. Bei mittlerer Hitze beträgt die Temperatur im Gerät 190 °C.

Beim Heißräuchern in der Küche ein Fenster öffnen und die Lüftung einschalten.

Räuchergut kann nach dem Garen noch kurze Zeit im Gerät liegen bleiben.

1 Die Hähnchenbrüste in ein flaches Gefäß legen, mehrmals mit einem Spieß einstechen, vollständig mit Lake bedecken und für 2 Stunden kühl stellen.

2 Die Hähnchenbrüste aus der Lake nehmen, abspülen, trocken tupfen und in einer mit Küchenpapier ausgelegten Form für weitere 4–8 Stunden kalt stellen.

3 Die Holzspäne in die Mitte des Räuchergeräts geben. Den Rost auf die Auffangplatte stellen und das Fleisch darauflegen. In das Gerät setzen. Den Deckel auflegen.

4 Das Gerät bei mittlerer Temperatur erhitzen. Wenn Rauch entsteht, die Hitze etwas reduzieren. Das Fleisch 20–25 Minuten räuchern, dann eine Garprobe machen.

Geräucherte Hähnchenbrust
Abhängig von der Hitzequelle, der Dicke der Fleischstücke und Füllmenge des Räuchergeräts kann die Garzeit variieren. Das Fleisch heiß mit Reis und einem würzigen Chutney oder mit Salat, Kartoffeln und Walnuss-Koriander-Pesto servieren oder kalt in dünne Scheiben geschnitten für Salate und Sandwiches verwenden.

Würste bekommen durch Heißräuchern ein herrliches Aroma. Traditionell brät man sie nach dem Räuchern 5 Minuten und wendet sie dabei, damit sie rundum bräunen. Mit Polenta oder Kartoffelpüree und Tomatenketchup (s. S. 182) servieren.

Heiß geräucherte Würste

ERGIBT 3–4 PORTIONEN
FERTIG IN 30 MINUTEN
HALTBAR GEKÜHLT 2–3 TAGE

ZUTATEN

500 g selbst gemachte Würste (s. S. 232) oder gekaufte Würste von guter Qualität

Zum Räuchern

1 gestrichener EL Eichenholz- oder Kirschholzspäne, für ein kräftigeres Raucharoma Hickoryholzspäne

1 Die Holzspäne auf dem Boden des Räuchergeräts (s. S. 15) in der Mitte aufhäufen, die Auffangplatte einsetzen und den Rost darauflegen.

2 Die Würste abwischen (aber nicht einstechen) und auf den Rost legen. Es muss ausreichend Platz zwischen ihnen sein, damit sie der Rauch gleichmäßig durchdringen kann. Den Deckel auflegen.

3 Dunstabzugshaube einschalten, Fenster öffnen und das Räuchergerät bei mittlerer Temperatur erhitzen. Sobald Rauchgeruch entsteht oder Rauchwölkchen erscheinen (nach 2–3 Minuten), die Hitze reduzieren. Dünne Würste 10–12 Minuten, dicke Würste 15 Minuten, besonders dicke Würste 20 Minuten räuchern.

4 Den Herd ausschalten. Wenn keine Rauchfahnen mehr aufsteigen, das Gerät öffnen und eine Wurst anschneiden, um sicher zu sein, dass sie innen nicht mehr rosa ist. Andernfalls die Würste weitere 5 Minuten räuchern, bis sie gar sind. Man kann die Würste nach dem Räuchern einstechen, damit Fett in die Auffangschale abtropft. Die Würste heiß servieren oder abkühlen lassen und kalt stellen.

Geräucherte Hirschmedaillons

Durch Räuchern intensiviert sich der Wildgeschmack von Hirschfleisch und es bleibt saftig. Hier wird das Fleisch zunächst mariniert und dann geräuchert. Zu diesem Wintergericht passen gedünsteter Kohl und ein Püree aus Wurzelgemüse (s. S. 52).

ERGIBT 4 PORTIONEN

FERTIG IN 20 MINUTEN PLUS WARTEZEIT

HALTBAR SOFORT VERZEHREN

ZUTATEN

4 Hirschmedaillons (jeweils etwa 225 g schwer und 2 cm dick)

Für die Marinade

1 EL Wacholderbeeren

250 ml Rotwein

4 EL Ruby Port

2–3 TL Zucker

1–2 Prisen Salz (nach Geschmack)

Zum Räuchern

1 gestrichener TL Räucherspäne aus Eichenholz oder Kirschholz

1 Alle Zutaten für die Marinade in ein großes tiefes Gefäß geben und rühren, bis sich der Zucker aufgelöst hat. Die Medaillons hineinlegen und zugedeckt über Nacht kalt stellen, dabei ab und zu wenden.

2 Die Holzspäne auf dem Boden des Räuchergeräts (s. S. 15) in der Mitte aufhäufen, die Auffangplatte einsetzen und den Rost auflegen. Die Medaillons mit Abstand zueinander daraufsetzen. Den Deckel schließen.

3 Dunstabzugshaube einschalten, Fenster öffnen und das Gerät bei mittlerer Temperatur erhitzen. Sobald Rauchgeruch entsteht oder Rauchwölkchen erscheinen (nach etwa 2–3 Minuten), die Hitze etwas reduzieren. Nach 10–12 Minuten ist das Fleisch rosa, nach 15 Minuten durchgegart. Den Herd ausschalten. Wenn keine Rauchfahnen mehr erscheinen, das Gerät öffnen und ein Messer in die Mitte eines Medaillons stechen, um zu prüfen, ob es den gewünschten Gargrad hat. Andernfalls die Medaillons weitere 5 Minuten räuchern.

4 Während das Fleisch gart, die Marinade in einen Topf gießen und bei mittlerer Temperatur etwa 15 Minuten einkochen lassen, bis sie um mindestens die Hälfte reduziert ist und eindickt. Abschmecken und abseihen, um die Wacholderbeeren zu entfernen. Die Medaillons auf vorgewärmten Tellern mit etwas Sauce sofort servieren.

Selbst geräucherter Knoblauch schmeckt köstlich und ist einfach zuzubereiten, wobei man mit unterschiedlichen Holzspänen arbeiten kann (s. S. 21). Man kann ihn für Knoblauchbutter, Mayonnaise und Suppen verwenden oder zu Grillfleisch reichen.

Heiß geräucherter Knoblauch

ERGIBT 4 KNOLLEN
FERTIG IN 35 MINUTEN
HALTBAR 2 WOCHEN

ZUTATEN

4 große ganze Knoblauchknollen, getrocknet

1 EL Olivenöl

Zum Räuchern

2 gestrichene EL Eichenholzspäne

1 Die Holzspäne auf dem Boden des Räuchergeräts (s. S. 15) in der Mitte aufhäufen. Die Auffangplatte einsetzen und den Rost darauflegen.

2 Die Knoblauchknollen mit dem Olivenöl einpinseln und mit ausreichend Abstand zueinander auf den Rost setzen, sodass der Rauch sie gleichmäßig durchdringen kann. Den Deckel schließen.

3 Dunstabzugshaube einschalten, Fenster öffnen und das Gerät bei mittlerer Temperatur erhitzen. Sobald Rauchgeruch entsteht oder Rauchwölkchen erscheinen (nach 2–3 Minuten), die Hitze etwas reduzieren und den Knoblauch 30 Minuten räuchern.

4 Den Herd ausschalten. Wenn keine Rauchfahnen mehr erscheinen, das Gerät öffnen und die Knoblauchknollen herausnehmen. Nach dem Abkühlen in einem fest verschlossenen Behälter im Kühlschrank oder an einem kühlen, dunklen Platz aufbewahren.

Hier werden Thunfischsteaks vor dem Räuchern mariniert, um ihnen zusätzliches Aroma zu verleihen. Das Aroma steht und fällt auch mit den verwendeten Holzspänen (s. S. 21). Die Steaks mit gehacktem Koriandergrün garniert servieren.

Heiß geräucherter Thunfisch

ERGIBT 4 PORTIONEN
FERTIG IN 30 MINUTEN PLUS WARTEZEIT
HALTBAR GEKÜHLT 3–4 TAGE

ZUTATEN

4 Thunfischsteaks, jeweils etwa 175 g

Für die Marinade

1 mittelgroße unbehandelte Orange

2,5 cm Ingwerwurzel, fein gehackt

1 große Knoblauchzehe, geschält und fein gehackt

2 TL thailändische Fischsauce (Nam pla)

½ TL Fünfgewürzepulver

2–3 TL Wodka (nach Belieben)

Zum Räuchern

1 gestrichener EL Erlenholzspäne (für ein mildes Aroma) oder Pekannussholzspäne

1 Die Steaks in ein flaches Gefäß legen. Den Saft der Orange in eine Schüssel pressen. Ein Viertel der Orangenschale abreiben und zusammen mit Ingwer, Knoblauch, Fischsauce, Fünfgewürzepulver und, sofern verwendet, Wodka in die Schüssel geben. Die Marinade gut durchrühren und abschmecken, falls nötig noch etwas Fischsauce oder andere Würzzutaten hinzufügen.

2 Die Marinade über den Fisch gießen und die Steaks darin wenden, um sie gut zu überziehen. Mit Klarsichtfolie zugedeckt für 8–12 Stunden in den Kühlschrank stellen, nach der Hälfte der Zeit wenden.

3 Die Holzspäne auf dem Boden des Räuchergeräts (s. S. 15) in der Mitte aufhäufen. Die Auffangplatte einsetzen, die restliche Orangenschale in Stücke geschnitten darauf verteilen und 60 ml Wasser dazugießen. Den Rost auflegen. Den Fisch darauf verteilen, die Marinade darübergießen und den Deckel schließen.

4 Dunstabzugshaube einschalten, Fenster öffnen und das Räuchergerät bei niedriger Temperatur erhitzen. Den Fisch 20 Minuten räuchern. Den Herd ausschalten. Wenn keine Rauchfahnen mehr erscheinen, das Räuchergerät öffnen und ein Messer in die Mitte eines Steaks stehen, um zu prüfen, ob der Fisch gar ist. Andernfalls weitere 5 Minuten räuchern. Dann sofort servieren oder abkühlen lassen und kalt stellen. Der Fisch ist bis zu vier Tage haltbar.

Lachs und weißfleischiger Fisch gewinnen durch sanftes Räuchern, und auch vorangehendes Einsalzen (s. S. 218) tut ihnen gut. Heiß mit Mayonnaise servieren oder Rührei zubereiten und den geräucherten Fisch 5 Minuten vor Ende der Garzeit hinzufügen.

Geräucherte Fischsteaks

ERGIBT 4 PORTIONEN

FERTIG IN 15–50 MINUTEN PLUS WARTEZEIT

HALTBAR GEKÜHLT 2–3 TAGE

ZUTATEN

etwa 60 g feines Meersalz

4 Fischsteaks, jeweils etwa 175 g schwer und gleichmäßig dick

1 Prise hellbrauner Zucker (nach Belieben)

3–4 Lorbeerblätter, 1 TL Koriandersamen oder 1 Sternanis (nach Belieben)

Zum Räuchern

1 gestrichener EL Erlen- oder Buchenholzspäne (für mildes Aroma) oder Eichenholzspäne (für kräftigeres Aroma)

75 ml Wasser, Weißwein oder Apfelwein

1 Das Salz auf einen Teller geben. Die Steaks darin wenden und rundum dick überziehen, Überschuss abschütteln. Den Fisch auf einen sauberen Teller legen und, sofern verwendet, mit dem Zucker bestreuen (dadurch erhält er eine feine Süße). Dünne Steaks 5 Minuten kalt stellen, sehr dicke Steaks 30 Minuten (s. S. 218).

2 Den Fisch unter fließendem Wasser abspülen, mit Küchenpapier trocken tupfen und mit Klarsichtfolie abgedeckt für weitere 2–3 Stunden kalt stellen.

3 Die Holzspäne auf dem Boden des Räuchergeräts (s. S. 15) in der Mitte aufhäufen. Die Auffangplatte einsetzen, Wasser oder Wein hineingießen und die ausgewählten Aromazutaten hinzufügen. Den Rost auflegen. Die Steaks darauf verteilen, sodass der Rauch sie gleichmäßig durchdringen kann. Den Deckel schließen.

4 Dunstabzugshaube einschalten, Fenster öffnen und das Räuchergerät bei mittlerer Temperatur erhitzen. Sobald es nach Rauch riecht oder Rauchwölkchen erscheinen (nach 2–3 Minuten), auf schwache Hitze reduzieren. Dünne Steaks 8–10 Minuten, mitteldicke 12–15 Minuten und dicke 15–20 Minuten räuchern.

5 Den Herd ausschalten. Wenn keine Rauchfahnen mehr aufsteigen, einen Gartest machen: Der Fisch sollte nicht mehr glasig sein. Andernfalls weitere 5 Minuten räuchern, bis er gar ist. Sofort servieren oder zur Aufbewahrung in Klarsichtfolie gewickelt kalt stellen. In Alufolie gepackt im Ofen erhitzen oder kalt für Salate verwenden.

Hühner-, Enten- und Wachteleier bekommen beim Räuchern eine hübsche braune Farbe und werden zu einer Delikatesse. Heiß mit Reispilaw oder kalt mit Mayonnaise und Salaten servieren. Wachteleier eignen sich auch als Appetithappen.

Heiß geräucherte Eier

ERGIBT 4 PORTIONEN
FERTIG IN 30–35 MINUTEN
HALTBAR GEKÜHLT 2–3 TAGE

ZUTATEN

4 sehr frische Hühner- oder Enteneier oder 8–12 Wachteleier

Zum Räuchern

1 gestrichener EL Räucherspäne, etwa von Apfel-, Ahorn-, Eichen- oder Pekannussholz

1 Die Eier in einen Topf mit kochendem Wasser legen. Das Wasser wieder zum Kochen bringen und die Eier hart kochen (Wachteleier etwa 2½ Minuten, Hühnereier 7 Minuten und Enteneier 8 Minuten). In kaltem Wasser abschrecken und schälen.

2 Die Holzspäne auf dem Boden des Räuchergeräts (s. S. 15) in der Mitte aufhäufen. Die Auffangplatte einsetzen und den Rost auflegen. Den Rost dünn mit Öl einpinseln. Die Eier darauflegen, dabei ausreichend Platz lassen, sodass der Rauch sie gleichmäßig durchdringen kann. 60 ml Wasser auf die Auffangplatte gießen und den Deckel aufsetzen.

3 Dunstabzugshaube einschalten, Fenster öffnen und das Räuchergerät bei mittlerer Temperatur erhitzen. Sobald Rauchgeruch entsteht oder Rauchwölkchen erscheinen (nach 2–3 Minuten), auf schwache Hitze reduzieren. Wachteleier 10 Minuten räuchern, Hühnereier 12 Minuten und Enteneier 20 Minuten.

4 Den Herd ausschalten. Wenn keine Rauchfahnen mehr erscheinen, die Eier herausnehmen und servieren oder auf einen Teller legen und mit Klarsichtfolie abgedeckt in den Kühlschrank stellen.

Wachteleier
Diese winzigen vitaminreichen Eier sind nahrhafter als Hühnereier und feine Appetithäppchen.

Blitzräuchern im Wok

Ein Wok eignet sich hervorragend zum Blitzräuchern, solange kein Rauch aus ihm entweichen kann. Für diese Methode eignen sich vor allem Fische und Schalentiere. Heiß oder kalt mit Salat und Meerrettichsauce (s. S. 188) servieren.

Blitzgeräucherter Fisch

ERGIBT 2 GANZE FORELLEN
FERTIG IN 15–20 MINUTEN PLUS WARTEZEIT
HALTBAR 2–3 TAGE

ZUTATEN

- 1 EL Apfelholzspäne
- 2 frische ganze Bio-Forellen oder Makrelen mit Köpfen, ausgenommen und gesäubert
- 4 Stängel Fenchelgrün oder 6–8 Stängel Estragon (nach Belieben)

TIPPS ZUM RÄUCHERN IM WOK

Der Wok muss fest verschlossen werden, damit möglichst wenig Rauch entweichen kann (dazu Alufolie fest um den Rand des Deckels drücken).

Den Wok am besten bei schwacher Hitze auf den Herd oder Gartengrill stellen. Den Wok ausschließlich zum Räuchern verwenden.

Ein Glasdeckel erlaubt die Sicht auf das Räuchergut, wodurch Garprozess und Rauchbildung durch Regulierung der Hitze besser kontrolliert werden können. Den Deckel beim Garen fest geschlossen halten.

1 Den Wok mit einer doppelten Lage Alufolie auslegen. Die Holzspäne in die Mitte geben (damit sich gleichmäßig Rauch entwickelt) und das Gitter in den Wok setzen.

2 Die Forellen innen trocken tupfen und auf beiden Seiten zwei- oder dreimal einschneiden. Sofern verwendet, die Kräuter in die Bauchhöhle der Fische schieben.

3 Die Fische auf das Gitter legen und den Deckel aufsetzen. Einen Kragen aus Alufolie um den Deckelrand legen, damit der Rauch nicht entweichen kann. Die Fische bei schwacher Hitze 10–15 Minuten räuchern. Den Herd ausschalten. Den Wok 15 Minuten stehen lassen, damit die Aromen den Fisch durchdringen.

Blitzgeräucherte Forellen
Zum sofortigen Verzehr die Forellen mit Salat und frischer Tomatensalsa servieren oder abkühlen lassen und auf einem Teller zugedeckt kalt stellen.

Geräucherte Miesmuscheln in Tomatensauce

Miesmuscheln sind preiswert und werden im Wok geräuchert rasch gar. Dabei erhalten sie einen zarten Rauchgeschmack, und es entsteht ein aromatischer Sud. Diese Muscheln eignen sich als exquisite Vorspeise oder zu Nudeln.

ERGIBT 4 VORSPEISEN ODER 2 HAUPTGERICHTE
FERTIG IN 40–45 MINUTEN
HALTBAR SOFORT VERZEHREN

ZUTATEN

- 1 gestrichener EL Buchenholz- oder Erlenholzspäne
- 750 g Miesmuscheln in der Schale, gebürstet und die Bärte entfernt
- 1–2 EL Olivenöl zum Braten
- 2 große Schalotten, fein gewürfelt
- 2 Knoblauchzehen, fein gewürfelt
- 1 Dose Tomatenstücke oder pürierte Tomaten (400 g)
- 6 reife Tomaten (etwa 500 g), enthäutet und nach Entfernen der Samen in mundgerechte Stücke geschnitten (die ganzen Tomaten für 30 Sekunden in kochendes Wasser legen, damit sich die Haut leichter abziehen lässt)
- Salz und frisch gemahlener schwarzer Pfeffer
- einige Stängel Petersilie, gehackt

1 Die Holzspäne flach in Alufolie einwickeln. Mit einem scharfen Messer mehrere Löcher in das Päckchen stechen, damit der Rauch entweichen kann. In den Wok legen, dann das Wokgitter darübersetzen.

2 Die Muscheln nebeneinander auf dem Gitter verteilen. Sollten es zu viele sein, die Muscheln in zwei Portionen räuchern. Den Deckel fest aufsetzen und mit einem Streifen Alufolie abdichten.

3 Dunstabzugshaube einschalten und Fenster öffnen. Die Muscheln bei hoher Temperatur 5 Minuten räuchern, bis sie sich geöffnet haben. Den Herd ausschalten. Wenn kein Rauch mehr aufsteigt, die Muscheln herausnehmen und beiseitestellen (noch geschlossene Muscheln wegwerfen). Das Spänepäckchen vorsichtig entfernen, den Garsud aufbewahren.

4 Den Wok abwaschen, abtrocknen und zurück auf den Herd stellen. Das Öl bei niedriger Temperatur erhitzen. Schalotten und Knoblauch darin 5 Minuten braten, bis sie weich, aber noch nicht gebräunt sind. Die Muscheln hinzufügen und 2–3 Minuten schwenken. Die Dosentomaten dazugeben, unter Rühren zum Kochen bringen und bei mittlerer Hitze 5–10 Minuten köcheln lassen. Frische Tomaten und Garsud nach Geschmack hinzufügen und untermischen. Die Muscheln salzen und pfeffern und mit der Petersilie garniert servieren.

Geräucherte Paprikaschoten mit Couscousfüllung

Reife Paprikaschoten lassen sich, wie Knoblauch und gegarte Kartoffeln, gut räuchern (andere Gemüse werden bitter). Sie erhalten dadurch ein feines Aroma, das ihre natürliche Süße wunderbar ergänzt. Anschließend im Backofen fertig garen.

ERGIBT 4 PORTIONEN
FERTIG IN 45–60 MINUTEN
HALTBAR SOFORT VERZEHREN

ZUTATEN

- 1 gestrichener EL Eichenholzspäne
- 4 mittelgroße reife rote oder gelbe Paprikaschoten
- 125 g Couscous
- 60 g Pinienkerne, geröstet oder auf einem Stück Alufolie zusammen mit den Paprikaschoten geräuchert
- ½ TL Chiliflocken oder 1 TL fein gehackte frische Chilischote
- 2 Stängel Koriandergrün, gehackt
- Saft von 1 Zitrone und 1 Limette
- Salz und frisch gemahlener schwarzer Pfeffer

1 Die Holzspäne flach in Alufolie einwickeln. Mit einem scharfen Messer mehrere Löcher in das Päckchen stechen, damit der Rauch entweichen kann. In den Wok legen und das Wokgitter darübersetzen.

2 Von den Paprikaschoten Deckel abschneiden. Vorsichtig Samen und Scheidewände entfernen.

3 Die Schoten mit den Schnittflächen nach unten auf das Wokgitter setzen, die Deckel mit den Stielen nach oben danebenlegen. Den Wokdeckel fest aufsetzen und mit einem Streifen Alufolie abdichten. Dunstabzugshaube einschalten und Fenster öffnen. Die Paprikaschoten bei mittlerer Hitze 10–12 Minuten räuchern, bis sie weich werden. Den Herd ausschalten. Wenn sich der Rauch verflüchtigt hat, die Schoten herausnehmen.

4 Couscous und 200 ml kochendes Wasser oder heißen Fond in eine Schüssel geben und mit Klarsichtfolie bedeckt 4 Minuten stehen lassen, bis die Flüssigkeit aufgenommen ist. Wenn die Paprikaschoten fertig sind, den Couscous mit einer Gabel auflockern. Pinienkerne, Chiliflocken, Koriander, Zitrussaft sowie Salz und Pfeffer untermischen. Couscous in die Paprikaschoten füllen und diese mit aufgelegten Deckeln in eine eingeölte ofenfeste Form setzen. Für 10 Minuten im 220 °C (Umluft 200 °C) heißen Ofen erhitzen, dann sofort mit einem knackigen Salat oder als Gemüsebeilage servieren.

Register

Kursiv gedruckte Seitenzahlen verweisen auf Rezepte, **fett** gedruckte Seitenzahlen auf Anleitungen und Informationen zu »Die besten Zutaten für ...«.

A

Agar-Agar 58
Alkohol 13
    Obst in Alkohol einlegen **149**, *162–171*, **162–163**
Ananas **27**
    kandieren 119
Äpfel 22, **41**, 44, **122**, **149**, **179**
    Apfelpaste *112*
    Apfelpektin 69, **70–71**
    Apfelsaft *177*
    Brombeer-Apfel-Konfitüre *109*
    Rhabarber mit Äpfeln *156*
    Rote Sommerfrüchte in Apfelsaft *160*
    trocknen/dörren **27**, 32–33
Aprikosen 22, **40**, 44, 69, **74**, 99, **113**, **123**, **133**, **149**
    Aprikosen und Mandeln in Amaretto *170–171*
    Aprikosen-Champagner-Konfitüre *102*
    Aprikosenkonfitüre *100–101*, **100–101**
    Aprikosenmarmelade *92*
    Aprikosen-Orangen-Marmelade mit Sauternes *93*
    kandieren **119**
    trocknen **27**, 32
Aromazutaten 20–21
Artischocken 23, **39**, 45
    Junge Artischocken in Öl *198*
Auberginen 23, **39**, 45, **123**, **133**, **192**
    Gegrillte Auberginen in Öl *203*
    Gegrillte mediterrane Gemüse *50*
    Gemüse nach italienischer Art *194–195*, **194–195**
    Mediterranes Chutney *126*

B

Balsamico-Zwiebeln *139*
Bananen **27**, 32
Basilikum
    einfrieren **38**, **64–65**
Beeren **72–73**, 172
    Beeren in Limettensirup *152*
    Beerensirup *172–173*, **172–173**
    einfrieren **40–41**, 44, 46

Mehrfruchtmarmelade *78–79*
Pektingehalt 69
Rote Sommerfrüchte in Apfelsaft *160*
Rumtopf *164*
siehe auch einzelne Sorten
Birnen 22, **27**, **41**, 44, **75**, 98, **112**, **122**, **133**, **148**
    Birnen in Rotwein *169*
    Birnenchutney *127*
    Birnenmarmelade *82*
    kandieren **119**
    Konfitüre **98**
    Pektingehalt 69
    Rumtopf *164*
    Tiefkühlmarmelade aus Birnen und Brombeeren *60*
    Würziges Birnenpickle *133*, *134–135*, **134–135**
Blanchieren von Gemüse **42**
Blitzräuchern im Wok 15, **238–239**, *248–251*, **248–249**
Blumenkohl 23, **39**, 45, **133**, **193**
    Mixed Pickles *143*
    Tiefkühlpickle von Blumenkohl und Paprikaschote *57*
Blüten 20, 22, **38**
Bohnen 23, **26**, **27**, *30–31*, **38**, **39**, 45
    siehe auch Buschbohnen, Stangenbohnen
Borlotti-Bohnen **26**, 31
Boysenbeeren 22, **41**, *72*, 99, **113**, **149**
Bratwurstschnecke *232–233*, **232–233**
Brennspiritus 70
Brokkoli 23, **39**, 45
Brombeeren 22, 98, **113**, **123**, **133**, **149**, **179**
    Beerensirup *172–173*, **172–173**
    Brombeer-Apfel-Konfitüre *109*
    einfrieren **40**, 44
    Pektingehalt 69, **73**
    Tiefkühlmarmelade aus Birnen und Brombeeren *60*
Buschbohnen 23, **123**, **133**, **193**, **211**
    einfrieren **38**, **42–43**, 45
    Gemüse nach italienischer Art *194–195*, **194–195**
    trocknen **26**, 31

C

Chilischoten 20, 23, **123**, **132**, **178**, **193**
    Scharfe Chilisauce *183*
    Tomaten-Chili-Marmelade *97*
    trocknen **26**, 31
Chinakohl 214
Chinesische Pflaumensauce *189*
Chorizo *234*

Chutney 9, 14, 15, 16, **122–125**
    Birnenchutney *127*
    Mediterranes Chutney *126*
    Pflaumenchutney *124*
    Tomaten-Paprika-Chutney *124*
Clementinen **149**
    Clementinen in Karamellsirup *158–159*
Confit **210**, *231*
Couscous 251
Cranberrys 22, **27**, **40**, 44, **113**, **123**, **149**, **179**
    Beeren in Limettensirup *152*
    Pektingehalt 69, **73**

D

Deckel prüfen 19
Dicke Bohnen 23, **39**, 45

E

Eier *239*, 247
Einfrieren 8, 17
    Blüten **38**
    Gegarte Speisen **39**, **40–41**, 44–45, 46, *48*, **48–49**, *50–53*
    Gemüse **38–39**, **42–43**, 45
    Obst **40–41**, 44, **46–47**
    Kräuter **38**, **64–65**
    Tiefkühlmarmelade **58–63**, **58–59**
    Tiefkühlpickles **54–57**, **54–55**, **132–133**
Eingemachtes Obst 9, 10, 16, **19**
    in Alkohol **148–149**, *162–171*, **162–163**
    in Sirup **148–151**, *150–159*
    Rote Sommerfrüchte in Apfelsaft *160*
Einlegegurken **132**, *140–141*, **140–141**
Einmachgläser 16
Einsalzen 8, 9
    Fisch **211**, *218–219*, **218–219**, 222
    Fleisch **210**, **211**, *224–225*, **224–225**, *226*, 227, *228–229*, **228–229**
    Gemüse 12, **211**, *212–215*, **212–213**
    siehe auch Milchsauer einlegen, Pökeln
Ente *239*
    Enten-Confit **210**, *231*
Erbsen 23, **38**, **39**, 45
Erdbeeren 22, **41**, 44, 46, 69, **73**, 99, **149**, 172
    Erdbeer-Johannisbeer-Marmelade *88*
    Erdbeerkonfitüre *110–111*
    Erdbeermarmelade *89*
    Erdbeersirup *175*
    Mehrfruchtmarmelade *78–79*
    Rote Sommerfrüchte in Apfelsaft *160*
    Tiefkühlmarmelade *58–59*, **58–59**
Erhitzen 9, 16, **19**, 149

Escabeche *223*
Essig 13

F
Fasan **239**
Feigen 22, **41**, 44, 69, **74**, 99, **122**, **133**
    einmachen **148**, 149
        Feigen in Honigsirup *154–155*
        Feigenmarmelade mit Vanille *90–91*
    kandieren **118**
    trocknen **27**, 32
Fenchel 23, **39**, 45, **133**, 193
    Gemüse nach italienischer Art *194–195*, **194–195**
Feta in Olivenöl **192**, *199*
Fette 10, 13
    siehe auch Öl
Fisch
    beizen **211**, *220–221*, **220–221**, 222
    einsalzen und pökeln **211**, *218–219*, **218–219**, 222
    Escabeche *223*
    Geräucherte Fischsteaks *246*
    Graved Lachs *218–219*, **218–219**
    Heiß geräucherter Thunfisch *245*
    räuchern **238**, **239**, *245–246*, *248–249*, **248–249**
    Rollmöpse *220–221*, **220–221**
    Salzheringe *222*
Fleisch
    pökeln **210**, **211**, *224–231*, **224–225**, **228–229**
    siehe auch einzelne Sorten
Forelle, geräuchert **238**, **239**, *248–249*, **248–249**
Fruchtpaste *112–115*, **114–115**
Fruchtschale
    getrocknet **27**
    kandiert **116–117**

G
Gans **210**, **239**
Garnelen **238**
Gärung 11, 212
    Kimchi *214*
    Sauerkraut *211–212*
Geflügel **211**, **239**
    siehe auch einzelne Arten
Gegarte Speisen einfrieren **39**, **40–41**, 44–45, 46, 48, **48–49**, *50–53*
    Gegrillte Süßkartoffel- und Selleriescheiben *51*
    Püree von Wintergemüse *52*
Gemüse
    blanchieren **42**
    einfrieren **38–39**, **42–43**, 45
    in Öl einlegen 10, *192–195*, **192–195**

Marmelade aus **75**
milchsauer einlegen **211**, *212–215*, **212–213**
Pürees **39**, 45, *52–53*
Verwendung 23
siehe auch einzelne Sorten
Gemüse nach italienischer Art *194–195*, **194–195**
Gewürze 20, 21
Grapefruit **113**
    Kandierte Fruchtschale **116–117**
Graved Lachs *218–219*, **218–219**
Gurken 23, **39**, **133**, 211
    Gewürzgurken *140–141*, **140–141**
    Salzgurken mit Dill *215*
    Süßsaure Gurken *142*
    Tiefgekühltes Gurkenpickle *54–55*, **54–55**

H
Hähnchenbrust, geräucherte **239**, *240–241*, **240–241**
Heidelbeeren 22, 69, **73**, 99, 148, 149
    Beeren in Limettensirup *152*
    einfrieren **41**, 44, **46–47**
    Heidelbeermarmelade *80*
    Konfitüre von Heidelbeeren, Zitronen und Limetten *107*
    Meerfruchtmarmelade *78–79*
    Tiefkühlmarmelade von Heidelbeeren und Himbeeren *62–63*
Heiß zubereitete Pickles **132–135**, *134–139*
Heißräuchern 11, 15, 21, **238–247**, *240–247*
Hering **211**, *220–222*, **220–221**, 239
    Rollmöpse *220–221*, **220–221**
Himbeeren 22, 69, **72**, 99, **113**
    einfrieren **41**, 44, 46
    einmachen **148**, 149
    Himbeermarmelade *76–77*, **76–77**
    Himbeer-Minze-Konfitüre *106*
    Himbeer-Vanille-Sirup *174*
    Mehrfruchtmarmelade *78–79*
    Pfirsich-Himbeer-Konfitüre *103*
    Rote Sommerfrüchte in Apfelsaft *160*
    Tiefkühlmarmelade von Heidelbeeren und Himbeeren *62–63*
Hirschfleisch **239**
    Geräucherte Hirschmedaillons *243*
Holunderbeeren 22, **179**
Holzäpfel 22, 69
Hygiene und Sicherheit 18–19

K
Kalt zubereitete Pickles **132–133**, *140–145*, **140–141**

Kandierte Früchte **118–119**
Kandierte Fruchtschale **116–117**
Kaninchen **211**, **239**
Kartoffeln 23, **239**
Käse 193
    Feta in Olivenöl **192**, *199*
    Pesto *184–185*
Ketchup 17, **178–182**, *180–182*
Kimchi *214*
Kirschen 22, **27**, 32, **41**, 44, 69, **75**, 99, **133**
    einmachen **148**, 149
    kandieren **119**
    Kirschen in Weinbrand *162–163*, **162–163**
    Kirschkonfitüre mit Cassis *108*
    Kirschmarmelade *86–87*
    Rote Sommerfrüchte in Apfelsaft *160*
    Tiefkühl-Kirschmarmelade *61*
Knoblauch 20, 23, **123**, **133**, **179**, **192**
    eingelegt *197*
    geräuchert **239**, *244*
Knollensellerie 23, **27**, **39**, 45, **133**, 193
    Gegrillte Süßkartoffel- und Selleriescheiben *51*
    Püree von Wintergemüse *52*
Kohl 23, **39**, 45, **133**
    Kimchi *214*
    Sauerkraut **211**, *212–213*, **212–213**
    Süßsauer eingelegter Rotkohl **133**, *144*
Kohlrabi 23, 45
Konfitüre 8, 9, 68–69, **98–101**, *100–111*
    siehe auch Marmelade
Koriander **179**, *184–185*
Kräuter
    Aromazutaten 20
    Aromatische Kräuterpasten *64*
    einfrieren **38**, **64–65**
    Pesto **178**, **179**, *184–187*
    trocknen **26**, **27**
    Verwendung 22
Küchenutensilien 14–17, 18
Kumquats **119**, 149
    Kumquats in Wodka *166–167*
Kürbis 23, **39**, **123**
    Kürbismarmelade mit Gewürzen *94–95*
    Kürbis-Orangen-Marmelade *96*

L
Lachs
    Graved Lachs *218–219*, **218–219**
    Räucherfisch **238**, *246*
Lamm **211**, **239**
Lauch 23, **39**

254 REGISTER

Limetten **113**, **133**, **211**
    Beeren in Limettensirup *152*
    Frisches Limettenpickle **133**, *137*
    Konfitüre von Heidelbeeren, Zitronen und Limetten *107*
    Pflaumenmarmelade *83*
Loganbeeren 22, **41**, 44, 69, **72**, **99**, **113**, **149**
    Beerensirup *172–173*, **172–173**
Lufttrocknen 8, **26–27**, **28–29**, **30–31**

M

Mais 23, **26**, **39**, 45, **239**
Makrele **238**, *248–249*, **248–249**
Mangold 23, **38**, **39**, 45
Mangos 27
Markkürbisse 23, **123**
    Kürbis-Orangen-Marmelade *96*
    Marmelade 8, 9, 14, 15, 16, 68–69, **72–77**, *76–97*
    Tiefkühlmarmelade **58–63**, **58–59**
    siehe auch Konfitüre
Maronen
    einmachen **149**
    Maronen in Vanillesirup *153*
Maulbeeren **99**, **113**, **149**
Mediterranes Chutney *126*
Mediterranes Gemüse, gegrillt *50*
Meerrettich 23, **133**, **179**, *188*
Mehrfruchtmarmelade *78–79*
Melonen 22, 32, **41**, 44, 69, **99**, 100, **133**, **149**
    Wassermelone mit frischem Ingwer *161*
Miesmuscheln, geräucherte **239**
    Geräucherte Miesmuscheln in frischer Tomatensauce *250*
Mikroorganismen 8–11
Milchsauer einlegen 212
    Kimchi *214*
    Salzgurken mit Dill *215*
    Sauerkraut *212–213*
Mispeln 22, 69, **113**
Möhren 23, 27, 39, 45, 75, 123, 133, 193
    Gemüse nach italienischer Art *194–195*, **194–195**
    Mixed Pickles *143*
    Püree von Wintergemüse *52*
Moorhuhn **239**

N

Nass gepökeltes Fleisch **210**, **211**, **224–227**, **224–225**
Nektarinen
    siehe Pfirsiche und Nektarinen

Nüsse
    Aprikosen und Mandeln in Amaretto *170–171*
    Basilikum-Pinienkern-Pesto *187*
    Maronen in Vanillesirup *153*
    Pesto von Rucola, Mandeln und Blauschimmelkäse *186*
    räuchern **239**
    siehe auch Maronen, Walnüsse

O

Obst
    einfrieren **40–41**, 44, **46–47**
    einmachen *siehe* eingemachtes Obst
    kandieren **116–119**
    Pektin und Säure 9, 68–69, **70–71**
    Pürees *siehe* pürierte Früchte
    trocknen 27, 32–35
    Verwendung 22
    siehe auch einzelne Sorten
Ofenmethode zum Erhitzen und Sterilisieren 9, 16, 18, **19**, 149
Offen einfrieren **40–41**, **46–47**
Öl 13
    Aromatische Kräuterpasten *64*
    Gemüse in Öl 10, **192–195**, *194–207*
Oliven **192**
    Gemischte Oliven in Öl *204–205*
Orangen
    Aprikosen-Orangen-Marmelade mit Sauternes *93*
    Fruchtpaste **113**
    Kürbis-Orangen-Marmelade *96*

P

Paprikaschoten 23, **39**, 45, **123**, **133**, **179**, **192**, **239**
    Gegrillte mediterrane Gemüse *50*
    Gemüse nach italienischer Art *194–195*, **194–195**
    Geräucherte Paprikaschoten mit Couscous-füllung *251*
    Mediterranes Chutney *126*
    Paprikaschoten in Öl *200–201*
    Tiefühlpickle von Blumenkohl und Paprikaschote *57*
    Tomaten-Paprika-Chutney *128–129*
Pastinaken 23, **27**, **39**
Pektin 68–69, **70–71**
Pesto 178, 179, 184–187
    Basilikum-Pinienkern-Pesto *187*
    Koriander-Walnuss-Pesto *185*
    Pesto von Rucola, Mandeln und Blauschimmelkäse *185*

Pfirsiche und Nektarinen 22, **27**, 69, **75**, **99**, **123**, **133**
    einfrieren **41**, 44, 46
    einmachen **148**, **149**
    kandieren **119**
    Pfirsich-Himbeer-Konfitüre *103*
    Pfirsich-Walnuss-Konfitüre *104–105*
    Pfirsiche in Sirup *150–151*, **150–151**
    trocknen **27**, 32
Pflaumen 22, **27**, **41**, 44, **112**, **122**, **133**, **149**, **179**
    Chinesische Pflaumensauce *189*
    kandieren **119**
    Pektingehalt 69, **74**
    Pflaumen in Weinbrand *165*
    Pflaumenchutney **124–125**, *124–125*
    Pflaumenmarmelade *83*
    Pflaumenmarmelade mit Zimt und Portwein *84–85*
    siehe auch Renekloden, Zwetschen
Pickles 9
    Gurkenpickle *54–55*
    heiß zubereitet **132–135**, *134–139*
    kalt zubereitet **132–133**, *140–145*, **140–141**
    Mixed Pickles *143*
    Rote-Rüben-Pickle *145*
    Süßsaure Gurken *142*
    Süßsauer eingelegter Rotkohl *144*
    Süßsaures Tiefkühlpickle von Stangenbohnen *56*
    Tiefkühlpickle von Blumenkohl und Paprikaschote *57*
    Tiefkühlpickles **54–57**, **54–55**, **132–133**
Pilze 23, 28, **39**, 45, **133**, **179**
    Gemüse nach italienischer Art *194–195*, **194–195**
    Pilzketchup **179**, *180–181*, **180–181**
    Pilze in Olivenöl *193*, *207*
    trocknen **26**, **28–29**
Pökeln
    Fisch **211**, *220–221*, **220–221**, *222*
    Fleisch **210**, **211**, **224–231**, **224–225**, **228–229**
    Truthahn **227**, **239**
    siehe auch Einsalzen
Pomelo, kandierte Fruchtschale **116–117**
pürierte Gemüse einfrieren **39**, 45, *52–53*
pürierte Kräuter in Öl *64*
püriertes Obst
    einfrieren **40–41**, 44, 46

Q

Quitten 22, **40**, **41**, 69, **133**, **149**
    Quittenpaste **112**, *114–115*, **114–115**
    Quitten in Gewürzsirup *157*

R

Räuchern
- Heißräuchern 11, 15, 21, **238–247**, *240–247*
- Räuchern im Wok 11, 15, 21, **238–239**, *248–251*, **248–249**

Rebhuhn **239**
Renekloden 41, *74*, 83, **98**, *113*, 119, 122, **123**, **133**, 148
Rettich 23, **133**, 211
Rhabarber 22, **40**, 44, 69, **122**, **133**, 149
- Rhabarber mit Äpfeln *156*

Rillette aus Schweinefleisch *230*
Rindfleisch 210, **211**, *226*, 239
Rollmöpse *220–221*, **220–221**
Romanesco 23, **39**, 45, **133**, 193
- Gemüse nach italienischer Art *194–195*, **194–195**

Rosenkohl 23, **39**, 45
Rote Johannisbeeren 22, **41**, 69, **73**, 149
- Erdbeer-Johannisbeer-Marmelade *88*
- Rote Sommerfrüchte in Apfelsaft *160*

Rote Rüben 23, **123**, 132
- Pickles **132**, *136*, *145*

Rote Zwiebelmarmelade *130–131*
Rotkohl 211
- Sauerkraut *212–213*, **212–213**
- Süßsauer eingelegter Rotkohl **133**, *144*

Rucola 179
- Pesto von Rucola, Mandeln und Blauschimmelkäse *186*

Rumtopf *164*

S

Saft
- Apfelsaft *177*
- Tomatensaft *176*
- siehe auch Sirup

Salz 12
Samen trocknen **26**
Saucen 17, **178–182**
- Chinesische Pflaumensauce *189*
- erhitzen 9, **19**
- Geräucherte Muscheln in Tomatensauce *250*
- Ketchup 17, **178–182**, *180–182*
- Konzentrierte Tomatensauce *48*, **48–49**
- Meerrettichsauce *188*
- Pesto **178**, **179**, *184–187*
- Scharfe Chilisauce *183*

Sauerkraut *212–213*, **212–213**
Säure, Obst 9, 68–69

Schalotten 23, **123**, 132, 179, 193, *194–195*, **194–195**
- Balsamico-Zwiebeln *139*
- einlegen 132

Schinken 210, *224–225*, **224–225**
Schlehen 22, 40, *168*
Schwarze Johannisbeeren 22, **41**, 44, 69, **73**, *113*, **149**, 172
- Marmelade *81*

Schwarzwurzeln 23, 45, **193**
Schweinefleisch 210, **211**, 239
- Rillette aus Schweinefleisch *230*
- Schinken 210, *224–225*, **224–225**
- Speck 210, *228–229*, **228–229**
- siehe auch Würste

Seelachs 211, *223*, 238
Sirup 17, 44, **148–149**, *172–177*, **172–173**
- Früchte kandieren *118–119*
- Obst in Sirup einkochen **148–151**, *150–159*

Sonnengetrocknete Tomaten 34
Spargel 23, **38**, 45, **193**, *206*
Speck 210, *228–229*, **228–229**
Spinat 23, **38**, 45
Stachelbeeren 22, 69, *113*, **123**, **133**, **149**, 179
- einfrieren **41**, 44

Stangenbohnen 23, **38**, 45, **123**, 132, 211
- Süßsaures Pickle von Stangenbohnen *56*

Staudensellerie 23, **123**, **193**, *194–195*, **194–195**
Sterilisieren 18
Süßkartoffeln 23, **39**, 45

T

Taybeeren 22, **41**, *72*, **99**, *113*, 149
Thunfisch, geräuchert **239**, *245*
Tomaten 23, **123**, 192
- dörren *26*, **34–35**
- einfrieren **39**, 45, **48–49**
- einmachen **149**
- Getrocknete Tomaten in Öl *196*
- Geräucherte Miesmuscheln in Tomatensauce *250*
- Konzentrierte Tomatensauce *48*, **48–49**
- Mediterranes Chutney *126*
- Mixed Pickles *143*
- Tomaten-Chili-Marmelade *97*
- Tomatensaft *176*
- Tomatenketchup **178**, *182*
- Tomaten-Paprika-Chutney *128–129*

Topinambur 23, **39**, *53*, 239
Trocken gepökeltes Fleisch 210, **211**, *228–229*, **228–229**
Trocknen 8, **26–35**

V

Vakuum 10, **19**

W

Wachtel **239**
Wachteleier, heiß geräuchert *247*
Walnüsse
- Eingelegte Walnüsse **133**, *138*
- Koriander-Walnuss-Pesto *184–185*
- Pfirsich-Walnuss-Konfitüre *104–105*

Wasserbad 16, 18, **19**
Wassermelone 22, **149**
- Schale einlegen **133**
- Wassermelone mit frischem Ingwer *161*
- siehe auch Melone

Weintrauben 22, **27**, 32, 69, **99**, *113*, 195
Weiße Johannisbeeren 22, **41**, 69, 149
Weiße Rüben 23, **39**, **52**, 132
Wild 211, **239**, *243*
Wok, räuchern im 11, 15, 21, **238–239**, *248–251*, **248–249**
Wurst
- Bratwurstschnecke *232–233*, **232–233**
- Frische Chorizo *234*
- Heiß geräuchert *242*
- Küchenutensilien 15
- Traditionelle britische Würste *235*

Wurzelgemüse siehe einzelne Sorten

Z

Zitronen 112
- Eingelegte Zitronen **211**, *216–217*, **216–217**
- Konfitüre von Heidelbeeren, Zitronen und Limetten *107*

Zitrusfrüchte 20, 22, 41, 44, 69, **123**, 149
- siehe auch Zitrusschale, einzelne Sorten

Zucchini 23, **39**, 45, **123**, **133**, 193
- Gegrillte mediterrane Gemüse *50*
- Gegrillte Zucchini in Öl *202*
- Gemüse nach italienischer Art *194–195*, **194–195**
- Mediterranes Chutney *126*

Zucker 12, 68–69
- siehe auch Sirup

Zwetschen **41**, 69, *74*, *113*, 122, **123**, **133**, 179
Zwiebeln 23, **123**, 132, 179, **193**
- Balsamico-Zwiebeln *139*
- Rote Zwiebelmarmelade *130–131*
- Tiefkühlpickle von Blumenkohl und Paprikaschote *57*

Dank

Lynda Brown ist eine preisgekrönte Food-Autorin und viel beschäftigte Moderatorin. Sie ist Expertin für Küchengärten und schon ein Leben lang Verfechterin von Biolandbau und biologischem Gärtnern. 2009 wurde ihr Garten in der Sendung *Gardeners' World* auf BBC2 vorgestellt. Sie ist davon überzeugt, dass »man ist, was man isst« und dass es in der Küche darum geht, frische, unverfälschte Lebensmittel einfach zuzubereiten und Produkte zu verwenden, die auf die bestmögliche Weise erzeugt wurden. Lynda Brown hat mehrere Bücher geschrieben, darunter *Natürlich leben* (Dorling Kindersley). Im Jahr 1992 gewann sie den renommierten Glenfiddich Cookery Writer of the Year Award. Sie ist Mitglied der Soil Association und bei Garden Organic.

Lynda Brown dankt allen Mitarbeitern; Andrew Roff, Will Hicks, Jane Lawrie, Jan Stevens und dem Produktionsteam von DK; Peter Denyer (www.kilnerjarsuk.co.uk), Dr. Colin May (Berater bei Certo Ltd.), Jeremy und David Trehane (Heidelbeerzüchter), Melanie Humphries (Tiptree Preserves), Anne Theakstone und Patrick Good (Silver Spoon), Gill Della Casa und Andrew Farmer (www.birchesmill.co.uk); und ganz besonders ihrer Lektorin Susannah Steel sowie Carolyn.

Dorling Kindersley dankt Tim Young und Christine Williams von der Soil Association (www.soilassociation.org), Foodstylistin Jane Lawrie, Ausstatterin Sue Rowlands, Anna Burges-Lumsden und Jan Stevens für das Testen der Rezepte, Sue Morony für das Korrektorat, Sue Bosanko für das Register, Clive Husselbury für die Räuchergeräte (www.cookquipe.co.uk), und Wares of Knutsford für die Einmachgläser (www.waresofknutsford.co.uk).

Dank gilt ferner folgenden Personen für ihre Rezeptbeiträge:

Carolyn Humphries für ihre Tiefkühlmarmeladen, eingemachten Gaumenfreuden und Rezepte zum Pökeln und Wursten.

Heather Whinney für ihre süßen und pikanten Rezepte auf den Seiten 66–145 und ihre Rezepte zum Einlegen in Öl.

Graham Waddington, James Swift und Mitchel Troy von Trealy Charcuterie für ihre Rezepte auf den Seiten 224–229 und 232–235.
www.trealyfarm.com

Michael Leviseur von Organic Smokehouse für seine Rezepte auf den Seiten 218, 240 und 248.
www.organicsmokehouse.com

Richard Muirhead von The Old Smokehouse, Brougham Foods, für seine Räucherrezepte auf den Seiten 243–244 und 250–251.
www.the-old-smokehouse.co.uk

Vielen Dank an Mary Baldwin für das Rezept für süßsauer eingelegte Gurken (S. 142) von der DK-Website.

Umschlagabbildung vorne: Peter Rees/Stockfood

Alle anderen Fotos © Dorling Kindersley
Weitere Informationen unter **www.dkimages.com**